# 秘密侦查
# 法律规制研究

MIMI ZHENCHA
FALÜ GUIZHI YANJIU

陈惜珍　著

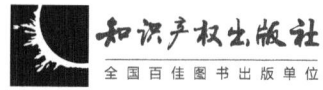

图书在版编目（CIP）数据

秘密侦查法律规制研究／陈惜珍著. —北京：知识产权出版社，2017.10
ISBN 978-7-5130-5237-5

Ⅰ.①秘… Ⅱ.①陈… Ⅲ.①刑事侦查—研究 Ⅳ.①D918

中国版本图书馆 CIP 数据核字（2017）第 254954 号

责任编辑：彭小华　　　　　　　　责任校对：王　岩
封面设计：SUN 工作室　　　　　　责任印制：孙婷婷

## 秘密侦查法律规制研究

陈惜珍　著

| | | | |
|---|---|---|---|
| 出版发行： | 知识产权出版社有限责任公司 | 网　　址： | http://www.ipph.cn |
| 社　　址： | 北京市海淀区气象路50号院 | 邮　　编： | 100081 |
| 责编电话： | 010-82000860 转 8115 | 责编邮箱： | huapxh@sina.com |
| 发行电话： | 010-82000860 转 8101/8102 | 发行传真： | 010-82000893/82005070/82000270 |
| 印　　刷： | 北京建宏印刷有限公司 | 经　　销： | 各大网上书店、新华书店及相关专业书店 |
| 开　　本： | 880mm×1230mm　1/32 | 印　　张： | 4.625 |
| 版　　次： | 2017 年 10 月第 1 版 | 印　　次： | 2017 年 10 月第 1 次印刷 |
| 字　　数： | 160 千字 | 定　　价： | 38.00 元 |
| ISBN 978-7-5130-5237-5 | | | |

出版权专有　侵权必究
如有印装质量问题，本社负责调换。

# 目　录

**第一章　秘密侦查概述** …………………………………… 1
　第一节　秘密侦查的概念辨析 ………………………… 1
　　一、秘密侦查的概念 ………………………………… 1
　　二、秘密侦查的特征 ………………………………… 13
　第二节　秘密侦查的表现形式及分类 ………………… 17
　　一、秘密侦查的表现形式 …………………………… 17
　　二、秘密侦查的分类 ………………………………… 22
　第三节　秘密侦查立法规制的必要性 ………………… 24
　　一、历史发展的必然要求 …………………………… 24
　　二、促使侦查机关依法办案的必然要求 ………… 25
　　三、保障人权的必然要求 …………………………… 26

**第二章　秘密侦查法律规制的理论基础** ………………… 28
　第一节　法治理论 ……………………………………… 29
　　一、法治观念的演变 ………………………………… 29
　　二、法治的价值蕴含 ………………………………… 31
　　三、法治语境下的秘密侦查法律规制 …………… 33

## 第二节　正当程序理论 …………………………… 34
一、正当程序的历史沿革 …………………………… 34
二、正当程序的含义 ………………………………… 36
三、正当程序视野下的秘密侦查法律规制 ……… 38

## 第三节　权力制衡理论 …………………………… 40
一、权力制衡理论的产生 …………………………… 40
二、权力制衡理论的基本主张 …………………… 43
三、权力制衡理论下的秘密侦查法律规制 ……… 45

# 第三章　秘密侦查法律规制的域外考察 …………… 47

## 第一节　英美法系国家的秘密侦查法律规制 …… 47
一、美国秘密侦查立法 ……………………………… 47
二、英国秘密侦查立法 ……………………………… 51

## 第二节　大陆法系国家的秘密侦查法律规制 …… 53
一、德国秘密侦查立法 ……………………………… 53
二、法国秘密侦查立法 ……………………………… 55

## 第三节　两大法系国家秘密侦查立法所体现的
原则 ………………………………………… 58
一、法律保留原则 …………………………………… 58
二、比例原则 ………………………………………… 60
三、特定性原则 ……………………………………… 62
四、司法审查原则 …………………………………… 64

## 第四章　我国秘密侦查法律规制的不足与完善 ……… 67
### 第一节　我国秘密侦查法律规制评析 ………………… 67
一、我国秘密侦查法律规制状况 ………………… 67
二、对我国秘密侦查立法的评价 ………………… 70
### 第二节　对2012年《刑事诉讼法》秘密侦查
立法的评析 …………………………… 75
一、2012年《刑事诉讼法》对秘密侦查规制的
主要内容 ……………………………………… 76
二、对2012年《刑事诉讼法》秘密侦查立法
规制的缺陷分析 …………………………… 83
### 第三节　完善对我国秘密侦查的法律规制的
思路与建议 …………………………… 87
一、完善我国秘密侦查法律规制的基本理念 …… 88
二、完善我国秘密侦查法律规制应采取的立法
模式 ………………………………………… 89
三、完善我国秘密侦查法律规制的程序建构 …… 93
四、我国秘密侦查中的救济机制 ………………… 98

## 第五章　2012年刑事诉讼法视野下几种秘密侦查
措施的法律规制问题研究 ………………… 100
### 第一节　隐匿身份侦查法律规制问题 ………………… 101
一、隐匿身份侦查的概念 ………………………… 101
二、2012年《刑事诉讼法》规制隐匿身份侦查
存在的问题 ………………………………… 102

三、隐匿身份侦查法律规制措施的完善 ………… 105

第二节 诱惑侦查法律规制问题 …………… 110

一、诱惑侦查概述 …………… 111

二、我国诱惑侦查制度存在的问题 ………… 115

三、诱惑侦查法律规制措施的完善 ………… 118

第三节 控制下交付法律规制问题 …………… 120

一、控制下交付的基础理论 …………… 121

二、我国控制下交付的法律规制现状 ………… 124

三、我国控制下交付法律规制存在的缺陷与不足 …………… 125

四、我国控制下交付法律规制的完善 ………… 127

**参考文献** ……………………………………… 131

# 第一章 秘密侦查概述

## 第一节 秘密侦查的概念辨析

### 一、秘密侦查的概念

作为一种有效的侦查手段,秘密侦查在世界各国的运用非常普遍。对于秘密侦查的概念界定,国外学者并不太注重,而倾向于研究秘密侦查实施过程所引发的法律问题。[①] 与之相反,国内学者十分注重对秘密侦查概念的界定,这可能与国内学界对秘密侦查概念的使用较为混乱,对秘密侦查的理解较为多元有关。由于国内学界对秘密侦查的内涵和外延并未达成共识,对秘密侦查的概念进行归纳、比较还是十分必要的,有助于深化我们对秘密侦查的认识,也为进一步研究打下基础。

(一)对秘密侦查几种常见概念的辨析

综观国内有关论著,学者们在对秘密侦查概念进行描

---

① 俞波涛:《秘密侦查问题研究》,中国检察出版社2008年版,第14页。

述和界定时，各具特色，有着明显的差异，例如：定义①，秘密侦查即指侦察，相对于公开侦查而言，是公安机关、国家安全机关因侦查犯罪的需要，根据国家法律，经过严格批准手续，在当事人不知情的情况下对犯罪嫌疑人采取的技术侦查和非技术侦查手段。判断秘密侦查有两个标准：一是看所使用的侦查措施和手段是否为当事人所知晓；二是看所使用的侦查措施和手段是否明确规定在法律中。① 定义②，"秘密侦查也可称为技术侦查措施，是以高科技技术为装备，如电子通讯技术，识别技术，计算机模拟技术，微区分析技术甚至现代测谎技术的运用来实施的侦查行为。"② 定义③，"秘密侦查是指经过严格的批准程序，在严格的指挥和监控下，秘密使用跟踪、设伏、录音监听、摄像、伪装潜入等合法手段，掌握侦查对象的动向，控制其活动，从而发现和揭露犯罪的一种侦查方法。"③ 定义④，"所谓秘密侦查是指侦查机关对特定案件的侦查对象依法进行的，以揭露和证实犯罪为目的、具有一定隐蔽性和侵害性的必要的侦查活动。"④

此外，2012年我国《刑事诉讼法》再次修改后，将技术侦查措施写入2012年《刑事诉讼法》中，赋予其合法性。学者基于《刑事诉讼法》技术侦查一节中具体包括技

---

① 刘向红：《对秘密侦查法治化的思考》，《福建公安专科学校学报》2001年第6期。

② 吴立德：《论秘密侦查手段的立法规制》，《内蒙古社会科学（汉文版）》2001年第4期。

③ 樊崇义：《论侦查模式的转换和改革》，郝宏奎主编：《侦查论坛》（第二卷），中国人民公安大学出版社2002年版，第23页。

④ 马静华：《秘密侦查论略》，《山东公安专科学校校报》2002年第2期。

术侦查措施、秘密侦查措施和控制下交付三类措施,从而把《刑事诉讼法》第151条中规定的"隐匿身份实施侦查"的行为理解为狭义的秘密侦查,从而使秘密侦查的概念更加多元化。①

上述诸多关于秘密侦查的概念界定,形式上多种多样,各有侧重,有的采用"列举+概括"的方式定义秘密侦查,将典型的秘密侦查方式逐一列举,并对其他未能列举的秘密侦查行为以"其他"二字予以概括;有的将秘密侦查作为公开侦查的对立面进行解释;有的则以概括的方式描述秘密侦查的特征。从概念界定的内容上看,这些概念虽然从不同角度揭示了秘密侦查内涵的某一方面,具有一定合理之处,但没能全面准确地把握秘密侦查的本质特征,值得进一步商榷。例如,定义①以"是否为当事人所知情"为标尺衡量秘密侦查措施,并将"是否为当事人所知晓"作为"秘密"的具体判断标准,其不足之处在于这种对"秘密"的解释仅仅站在当事人的角度,从客观表现的差异来粗略区分公开侦查与秘密侦查,难以完整揭示出"秘密"之主客观相统一的特性。因为至少从形式上而言,隶属于公开侦查措施的现场勘查、侦查实验、调查访问也完全可以做到不为当事人所知晓,照此逻辑推论,则现场勘查、侦查实验、调查访问也应归属于秘密侦查措施。定义①的第二个标准,即"所使用的侦查措施和手段是否明确规定在法律中",也存在一定问题。"侦查手段的秘密使用并不一定等于非法。秘密相对于公开而言,

---

① 李明:《秘密侦查法律问题研究》,中国政法大学出版社2016年版,第3页。

非法相对于合法而言。公开不等于合法，秘密不等于非法。公开或者秘密，只表明侦查的方式不同，知晓的范围不同，并不表明是否合法"①。无论是公开侦查或是秘密侦查，合法性都是必要的前提，两者都必须在法律的框架内实施，都必须有法律的明确规定，否则就是非法侦查。所以，是否具有明文规定并非区分二者的标准。定义②缩小了秘密侦查的外延，将秘密侦查等同于技术侦查，犯了以偏概全的错误。以这样的定义为基础，许多秘密侦查手段（如卧底侦查、秘密监视等）就会被"放逐"于法律之外，达不到对所有秘密侦查手段都进行法律规制的目的。定义③只简单列举了秘密侦查所包含的具体行为，没有明示秘密侦查的主体、适用条件、适用范围等，更没有反映出秘密侦查的本质特征。定义④混淆了秘密侦查行为与其他侦查行为的分类根据，有将秘密侦查行为等同于强制侦查行为之嫌。因为秘密侦查行为与强制侦查行为是根据两种不同的标准对侦查作出的分类，两者不能相提并论。②

(二) 对秘密侦查的重新定义

由于上述概念存在诸多缺陷，所以有必要对秘密侦查重新定义。从秘密侦查的特征上看，其与是否需要高科技技术并无必然关联。虽然某些秘密侦查措施（如秘密监听等）确实离不开高科技的支持，但公开侦查措施也同样越来越依赖于高科技手段的协助，故使用高科技并非秘密侦

---

① 宋英辉：《刑事程序中技术侦查研究》，《法学研究》2004年第2期。
② 关于秘密侦查与强制侦查的关系，将在后文"几个相关概念的辨析"中专门论述。

查的主要（排他性）特征。笔者认为，秘密侦查之所以倍受瞩目，是由于其行为的秘密性，认定秘密侦查的基准应主要从秘密性的角度予以确定，只有全面、正确地认识和评价行为的秘密性，才能进一步抽取秘密侦查蕴涵的本质特征。

从形式上说，秘密侦查应具有行为上的秘密性。"在这里，'秘密'作为形容词（副词）起修饰作用，表明此种侦查行为的状态，但这种状态并不是纯然客观的，而是主客观的统一。也就是说，作为秘密侦查的施行者，其行为的秘密性是行为主观内容的一部分，行为人的主观内容应当包括对行为秘密性的认识。"① 从主客观统一的角度认识"秘密"，在法学的其他领域也并不少见。例如，刑法规定的盗窃罪要求"秘密窃取"的犯罪构成要件。② 根据刑法理论，此处的"秘密窃取"行为应从主客观相统一的角度进行分析，只要在窃取行为过程中，犯罪分子对自己手段的隐蔽性有所认识，即便出于客观方面的某些原因（如事主反应机敏、犯罪分子盗窃手法不熟练等），导致这种秘密窃取呈现出较为公开的状态，也不影响对犯罪分子"秘密窃取"这个客观要素的认定。

基于辩证唯物主义的观点，世界上的任何事物都具有相对性。秘密也是相对于公开而言的，在秘密侦查中，这种相对性通常表现为侦查主体主观上自认为其行为是在侦查对象不知道的情况下实施的，但客观上是否被当事人发觉则在所

---

① 艾明：《秘密侦查制度研究》，中国检察出版社2006年版，第14页。
② 吴大华：《盗窃犯罪的惩治与防范》，西苑出版社1999年版，第9页。

不问（在现实的侦查活动中，由于某些原因，如犯罪嫌疑人的反侦查能力较强、实施人员素质不高、出现偶然情况等因素，使侦查对象明了侦查机关的秘密侦查行动的情况时有发生）。因此，从对侦查对象是否公开这一角度切入，秘密侦查是侦查机关事先自觉、有意识地使侦查行为具有一定隐蔽性，在主观态度上有强烈的保密需求（至于客观上的效果则在所不问）的活动。①

秘密侦查的定义除了要反映侦查行为这种秘密性外，还要注重秘密侦查的法定性，即该行为作为刑事诉讼程序的组成部分，必须反映并符合程序法的特征。据此，笔者认为，所谓秘密侦查，是指法定的侦查机关以揭露和证实犯罪为目的，依照法定程序针对特定侦查对象所实施的，在主观上有强烈的保密需求，客观上采取了严格的保密措施，进而收集证据和查明案情的一种隐蔽性的侦查行为。

（三）几个相关概念的辨析

1. 秘密侦查与强制侦查

近年来在探讨国内侦查程序的基本原则时，学者们大多会提及肇始于日本的任意侦查与强制侦查的理论划分，并进而提出了任意侦查原则和强制侦查法定原则。这种讨论无疑对纠正我国侦查程序行政化治罪的倾向大有裨益，但遗憾的是，学者们在强制侦查范畴之内解读秘密侦查，无形中将秘密侦查等同于强制侦查，导致侦查理论与侦查实践之间的关系产生混乱。例如，有学者认为，"强制性实乃秘密侦查的

---

① 艾明：《秘密侦查制度研究》，中国检察出版社2006年版，第14~15页。

本质特征。由于秘密侦查活动处于极其隐蔽的状态,犯罪嫌疑人对侦查机关的侦查活动毫无觉察,其权益始终处于侦查机关'有形力'或'无形力'的控制和威胁当中""就应该认定为强制侦查行为,就必须接受强制侦查法定主义和司法审查主义的制约";① 也有学者将秘密侦查法治化问题纳入强制侦查的视角来解读。② 这些情况表明,我国学者将秘密侦查与所谓的强制侦查相等同的观点颇为流行。

但是,秘密侦查与强制侦查是根据不同的分类标准得出的,二者虽然存在一定的交叉,却不能完全等同。欲明了此点,需进一步阐明日本学说中关于强制侦查与任意侦查的界分理论。

关于强制侦查与任意侦查的界限问题,在日本的刑事诉讼法学界是存在争议的。根据侦查措施是否侵犯公民个人的重要权益为标准,"使用强制措施的侦查叫强制侦查,不使用强制措施的侦查叫任意侦查"。③ 对于区分强制侦查与任意侦查的核心标准,日本学界主要有以下观点:①以实施侦查措施一方的手段为标准,如果行使直接强制的有形力,就是强制措施;②不限定侵犯权益的受处分人标准说,这种观点认为,如果被处分者包括隐私权在内的权益受到侵犯,就是强制性措施;③限定侵犯权益的受处分人标准说,这种观点

---

① 谢佑平、邓立:《秘密侦查的解读与诠释》,《中国刑事法杂志》2005年第6期。

② 例如在刘方全的《法治视野下的强制侦查》中第六章的标题即为"秘密侦查的法治化。

③ [日]田口守一:《刑事诉讼法》,刘迪等译,法律出版社2000年版,第29页。

认为，如果被处分者的重要利益受到侵犯时，才是强制侦查性措施；①④双重标准说，其一为形式标准，即侦查机关采取侦查行动时是否需经当事人同意；其二为内容标准，即侦查机关采取的侦查行为是否对当事人的个人权利与法益进行了限制和侵害。②目前，日本的判例及学说对强制侦查和任意侦查的区分倾向于采取双重标准说。对于该学说中提到的内容标准，有学者认为，"这种对当事人的个人权利与法益进行的限制和侵害主要包括三种类型：第一即对身体、住居、财产、自由等加以宪法上令状主义所及程度直接强制之情形；第二即对身体、住居、财产、自由等，以罚则和其他制裁为间接强制之情形；第三即是应委诸于个人管理之秘密、隐私及其他权利、法益而对其管理权予以侵害而探知之情形。"③

可见，强制侦查主要是基于对当事人的个人权利与法益的侵害而提出的。但如果仔细考查秘密侦查行为，不难发现，其并不能笼统地理解为限制或侵害当事人的个人权利与法益。除了秘密侦查行为之一种——监听符合强制侦查的双重标准外（一般认为监听侵犯了当事人的通信自由与通信秘密权），其余的诸如跟踪监视、诱惑侦查、卧底侦查等，均不能用简

---

① ［日］田口守一：《刑事诉讼法》，刘迪等译，法律出版社2000年版，第24页。

② 陈卫东、程雷：《任意侦查与强制侦查理论之介评》，载何家弘主编：《证据法论坛》（第7卷），中国检察出版社2004年版，第21~23页。

③ ［日］香城敏吕：《警察权限之判例理论》，许义宝译，《新知译粹》第13卷第3期。

单地视作对当事人个人权利与法益的侵害。① 例如，采取一般性的跟踪监视行为就很难被评价为限制或侵害了上述三种类型的个人权利与法益，但诱惑侦查、卧底侦查等行为之所以受人瞩目，却并非仅因为其限制或侵害了公民权益。欧洲人权法院曾经指出，"卧底目标明知自己参与了犯罪，而且'最终冒着与卧底警察——其任务实际上是要揭发他——遭遇的风险'，因此卧底警务对隐私的侵犯更少。"这一态度本身就表明，其并不认为卧底侦查这种秘密侦查行为会对当事人的个人权利与法益具有严重的侵害性。

因此笔者以为，强制侦查与秘密侦查只是有交叉的一组概念（主要局限于监听这种行为上），而不能将二者简单等同。

2. 秘密侦查与技术侦查

技术侦查这一术语具有较为强烈的"中国特色"，一般"是指国家安全机关和公安机关为了侦查犯罪而采取的特殊侦查措施，包括电子侦听、电话监听、电子监控、秘密拍照或录像、秘密获取某些证据、邮件检查等秘密侦查的专门技术手段。"② 在侦查实践中，技术侦查通常称为"技侦"或"行动技术"侦查。"技术侦查"被规定在旧的《国家安全法》和《人民警察法》中。1993 年颁布的《国家安全法》

---

① 在许多国家，跟踪监视、诱惑侦查属于警察自由裁量的任意侦查行为而不是强制侦查行为。这种情况本身即表明，一般的跟踪监视、诱惑侦查行为对当事人的个人权利与法益的直接侵害是很小的。由于现代隐私权所包含的内容非常广泛，法律对其保护的程度各不相同，因此很难笼统地认为秘密侦查行为必然侵害当事人的隐私权，尽管这一说法在学界颇为流行。

② 田郎胜、王尚新：《中华人民共和国国家安全法释义》，法律出版社 1993 年版，第 72 页。

首次确立技术侦查措施，该法第10条规定："国家安全机关因侦察危害国家安全行为的需要，根据国家有关规定，经过严格的批准手续，可以采取技术侦察措施。"① 其后，1995年颁布的《人民警察法》第16条规定："公安机关因侦查犯罪的需要，根据国家有关规定，经过严格的批准手续，可以采取技术侦察措施。"②

上述有关技术侦查的传统定义自中华人民共和国成立以来获得了理论界和实务界的认同，并在学界处于通说地位。近年来，该定义受到一定的挑战。有学者认为："所谓技术侦查，是指利用现代科学知识、方法和技术的各种侦查手段的总称。"③ 我们暂且称之为技术侦查的革新定义。"从广义上讲，在刑事侦查中，多数案件都需要运用某些技术手段，如在勘验、检查中某些仪器设备的使用，为鉴别和判断某些事实而进行鉴定等。从这个意义上讲，多数案件都存在技术侦查问题。"④

笔者以为，学者对技术侦查传统定义的解构，其理论创新精神令人敬佩，但同时也导致理论和实践中产生诸多问题。

首先，在理论层面，它混淆了刑事技术与技术侦查的界

---

① 1993年颁布的《中华人民共和国国家安全法》已经为2015年颁布的新的《中华人民共和国国家安全法》所替代，前者失效。

② 侦查与侦察的争论，在我国理论界由来已久，存在多种观点。笔者认为，关于侦查与侦察的争论，在推行依法治国，建设社会主义法治国家的今天，已经意义不大，无需对此耗费过多精力。作为刑事司法活动，"侦查"早在1979年通过的《中华人民共和国刑事诉讼法》中就已得到确认；之后旧的《国家安全法》和《人民警察法》虽然使用了"侦察"之术语，但"侦查"与"侦察"所指向的对象没有差异。笔者基于刑事诉讼法的规定，采用"技术侦查"的表述。

③ 宋英辉：《刑事程序中的技术侦查研究》，《法学研究》2000年第3期。

④ 宋英辉：《刑事程序中的技术侦查研究》，《法学研究》2000年第3期。

限，过度扩张了技术侦查的范围，使得刑事技术成为技术侦查的部分内容；但是，刑事技术同技术侦查明显不同。所谓"刑事技术"，也称"刑事科学技术"或"犯罪侦查技术"，是指运用现代科学技术成果同各种犯罪活动进行斗争的一种专门技术，是刑事侦查工作的重要手段之一，其任务是发现、收集罪犯在犯罪过程中形成的各种痕迹和遗留的物品、物质，并进行勘验、检验或鉴定，为侦查破案、检察起诉、法庭审判提供证据。在我国，已经开展的有刑事照相、痕迹检验、枪弹检验、刑事理化检验、法医检验、文书检验、警犬鉴别、步法追踪、刑事登记以及技术防范等。① 刑事技术与技术侦查尽管都是运用自然科学技术的理论成果，发现、揭露、证实危害国家安全和社会治安的犯罪活动的专门技术手段，但二者又有着本质的区别：② 一是适用范围不同，刑事技术是在犯罪行为发生后，收集、检验和鉴定各种犯罪遗留物和痕迹，为侦查破案提供证据和线索，而技侦手段则是根据侦查的需要，相应采取视听、搜查等手段，直接获取侦查对象有关犯罪证据和事实，包括犯罪的预谋、实施和犯罪后应变的各种情报信息，同时对侦查对象的外部活动予以监控；二是审批权限不同，刑事技术的运用由刑侦部门根据侦查工作的需要即时实施，而技侦手段的使用必须经过严格的审批手续，并经周密的筹划和部署方能实施；三是法律效力不同，刑事技术所收集和检验鉴定的证据，依法可以或应当向法庭公开

---

① 《法学词典》编委会：《法学词典》，上海辞书出版社1984年版，第297页。

② 谢佑平、邓立：《秘密侦查的解读与诠释》，《中国刑事法杂志》2005年第6期。

出示，必要时可在法庭上作出解释和说明，而在 2012 年《刑事诉讼法》施行前，技侦手段获取的线索和证据不得公开使用，如需要作为诉讼证据使用，必须按照刑事诉讼的程序和要求加以转换。2012 年《刑事诉讼法》施行后，技术侦查获取的材料可以作为证据使用，但有严格的限制条件，即使用该证据时不能危及有关人员的人身安全或导致其他严重后果，如可能存在上述情况，则应采取不暴露有关人员身份、技术方法等保护措施，必要时可由审判人员庭外核实。

其次，在实践层面，技术侦查的新定义会对法律工作者造成困扰。我国公安机关和国家安全机关都设有专门的技术侦查部门，配备有专业的技术侦查人员，这些司法实务工作者所从事的技术侦查工作除了受到 2012 年《刑事诉讼法》的约束外，还受到大量"隐形法律"的调整。① 这些"隐形法律"对技术侦查进行的规制与旧的《国家安全法》和《人民警察法》的相关规定保持一致。新定义提出"凡是利用现代科学知识、方法和技术的各种侦查手段就是技术侦查"的观点，将会使这些法律实务工作者如坠云雾，不明就里，不仅造成认识上的混乱，还会对实际工作造成严重干扰。

---

① 卞建林教授指出，"隐形法律"是指没有向外界公布的在司法机关内部施行的办案规则和程序。之所以称其为"隐形"，是因为它未经有关机关正式制定颁布，社会公众看不见、摸不着，其渊源为种种内部文件、解释、通知、批示、讲话、工作报告、经验总结、惯例、习惯等等；之所以称其为"法律"，是因为它与正式法律、法规几乎具有同等的效力和功能，有的甚至比法律、法规还管用。"隐形法律"既有实体内容，亦有程序内容，在司法实践中的存在和适用，对弥补立法不足虽有一定作用，但严重损害了司法公正。虽然卞建林教授这里讲的"隐形法律"问题在公安机关、国家安全机关以及其他享有侦查权的机关或部门内部大量存在。参见卞建林：《刑事诉讼的现代化》，中国法制出版社 2003 年版，第 26-27 页。

因此，笔者认为技术侦查的新定义是欠缺科学性与合理性的，关于技术侦查的传统定义已约定俗成，仍有其存在的必要。虽然随着科技的发展，技术侦查的传统定义有必要进行革新，但任意扬弃的做法并不可取，否则不仅容易造成理论上的混乱，也会为实践带来困扰。

此外，就技术侦查与秘密侦查的关系来说，尽管从2012年《刑事诉讼法》相关规定来看，① 立法者似乎有意将技术侦查与秘密侦查等同，但二者不能混为一谈。从内涵而言，技术侦查指的是侦查的具体方法，这与侧重侦查谋略的秘密侦查有着本质的不同。从外延上看，技术侦查仅局限于以技术侦查器材为辅助侦查手段的运用，而秘密侦查的处延要宽泛得多。② 故笔者认为，技术侦查应包涵在秘密侦查概念的范畴内。

**二、秘密侦查的特征**

按照《现代汉语词典》的解释，特征，是指可以作为事物特点的征象、标志等。所以，在对秘密侦查进行特征归纳时，必须突出秘密侦查区别于其他侦查行为的重要特点，即事物所具有的独特之处。据此，笔者认为，秘密侦查的特征包括：

1. 隐蔽性。秘密侦查具有很强的隐蔽性，这是它区别于公开侦查的首要特征，也是其在侦破案件时具有不可替代作用的基础。秘密侦查一旦暴露，就会难以实现其所欲达到的

---

① 对2012年《刑事诉讼法》有关技术侦查的立法，将在下文详细分析，此处不作赘述。

② 俞波涛：《秘密侦查问题研究》，中国检察出版社2008年版，第22页。

效果。不过，公开侦查也并非完全公开，在部分场合同样需要一定的隐蔽性，如当侦查人员进行辨认、侦查实验时，可能需要在保密的情况下进行。但秘密侦查的隐蔽性与公开侦查的隐蔽性有着本质的不同，前者的隐蔽性体现在两个方面：一是侦查主体身份的隐蔽性。在秘密侦查中，侦查机关为满足主观上对秘密侦查行为的保密性需求以及客观上的保密效果，通过多种方式（如跟踪监视中的化装、诱惑侦查、卧底侦查中的虚构身份等）实现侦查人员或协助人员（刑事特情、线人或耳目）身份上的隐蔽性，为后续侦查创造便利条件；二是侦查意图的隐蔽性。公开的侦查行为一般不会隐瞒侦查机关的侦查意图，如搜查的目的在于获取相关犯罪证据，与之相反，在实施秘密侦查时只有对侦查意图加以隐蔽，才会获得较好的侦查效果。

2. 直接性。秘密侦查的秘密性决定了其直接性，即没有中间环节，直接针对侦查对象获得案情信息。[1] 在秘密侦查中，侦查人员利用技术手段暗中监视侦查对象，了解侦查对象的行踪或犯罪计划；或者与侦查对象直接接触，并为其提供犯罪机会以伺机抓捕。因此，秘密侦查中取得的证据资料一般都是第一手的，较为直接，侦查对象在证据上做手脚的可能性非常小，如在电话监听时，侦查人员可以直接获听对象的真实谈话。与之相对，在公开侦查中，司法人员通过询问证人或犯罪嫌疑人了解到的证据有虚假或不完全的可能，例如证人或嫌疑人的言辞有可能经过精心思考、故意提供虚假言辞或者遗忘某些重要事件。

---

[1] 马静华：《秘密侦查论略》，《山东公安专科学校学报》2002年第2期。

3. 主动性。公开的侦查行为往往是在犯罪发生后才去实施，"而秘密侦查往往是在犯罪进行过程中甚至是在犯罪发生之前就开始了。因此，它可以将某些犯罪活动遏制在犯罪实施阶段甚至预谋阶段。"① 公开的侦查行为遵循的是回应型侦查模式，案件发生后，犯罪行为已经造成社会危害结果，侦查机关再通过对案件事实的揭露和证据的收集，惩罚犯罪并防止其继续犯罪。与之相对，秘密侦查则一般是在有一定证据证明某人正在实施或将要实施某种犯罪时开始实施，例如在针对毒品犯罪的诱惑侦查中，嫌疑人可能是刚开始贩卖毒品，甚至是刚有贩卖毒品的意图，侦查人员就开始与其接触并为其提供机会，一旦他实施了贩卖行为就立即抓捕。根据德国学者 Kaiser 的研究，德国警察对犯罪进行统计后指出，关于一般的犯罪，至少有 90% 的案件，是经由告发才被警方获悉；但在毒品交易中，只有 4% 的案件经由告发才为警方所知；换言之，大约 96% 的毒品交易案件，是警方通过主动展开侦查工作（利用线人或是卧底的手段）予以发现。②

即使在对某些已经造成犯罪危害结果的案件进行侦查时，侦查基于某种原因陷入僵局（例如证据较为单薄或者犯罪嫌疑人反侦查能力较强等），为了推进侦查，侦查机关也可能运用跟踪监视等秘密侦查行为，主动地去寻找突破。③

4. 侵害性。侦查活动由于具有对抗性的特征，事实上，所有侦查措施（包括公开侦查措施）都会对公民的权益产生

---

① 何家弘：《秘密侦查立法之我见》，《法学杂志》2004 年第 6 期。
② 林东茂：《卧底警探的法律问题》，中国台湾地区《刑事法杂志》第 40 卷第 4 期。
③ 艾明：《秘密侦查制度研究》，中国检察出版社 2006 年版，第 32 页。

侵害，只是不同措施造成的侵害程度有所差异。即便是强制力度最小的询问证人、被害人等手段也会对公民的权益造成损害，如影响相对人正常的生活安排，甚至侵犯当事人的隐私等。① 相较于公开侦查措施对公民权益所造成的侵害，秘密侦查措施的侵害性具有以下的特点：

①侵害的不确定性。传统公开侦查措施主要以犯罪嫌疑人为目标，搜集证据、揭示案件真相，侦查对象相对确定，侵害程度对于犯罪嫌疑人而言相对是可预见的；面对侦查机关的侦查行为时，侦查对象通过各种应对措施尽可能地维护其权利、减轻其罪责，以求在刑事诉讼中处于更为有利的地位。与之相对，秘密侦查多具有主动性，在犯罪进行过程中或是在犯罪发生之前就已开始进行，其针对的对象既可以是实施犯罪的嫌疑人，也可能是未实施的潜在犯罪对象。这意味着，任何人均有可能成为秘密侦查的对象。这种侦查对象的广泛性以及侦查手段实施的不确定性无疑给公民的权益带来潜在的、更大的和不可预期的侵害。

②侵害的难救济性。在现代法治国家中，通讯自由、通讯秘密等隐私受法律保护是公民在社会生活中应该享受的基本人身权利，也是公民在社会中享受不受干预之安宁生活的基本内涵。② 然而，这些基本权利在秘密侦查中容易受到侵害。当权利受到侵害时，法律应该提供相应的救济途径，无救济就无权利。但在秘密侦查实施的过程中，当事人对自己

---

① 陈永生：《侦查程序原理论》，中国人民公安大学出版社2003年版，第26页。

② 何家弘：《秘密侦查立法之我见》，《法学杂志》2004年第6期。

被侦查一无所知，既然连权利被侵犯都难以获悉，更何谈救济。在秘密侦查立法比较完善的国家，秘密侦查措施实施完毕后或在不妨碍侦查的情况下，侦查机关应当将采取措施的情况告知权利人；即使这样，权利人对整个秘密侦查过程的了解也非常有限，难以对秘密侦查措施提出异议。

5. 从属性。基于秘密侦查的侵害性，其侦查活动需要受到从属性的限制：首先，相对公开侦查，秘密侦查应当是第二位的，在案件侦破的过程中，如果运用公开侦查行为即可侦破，也就不必启动秘密侦查；其次，在秘密侦查系统内部，应该根据侦查措施对公民合法权益侵害的不同程度，建立相应的适用规则。在有适用秘密侦查的必要时，应当首先考虑适用那些对公民合法权益侵害较小的秘密侦查措施，只有当侵害较小的侦查手段不能奏效时，才可以适用那些对公民合法权益侵害较大的秘密侦查措施。①

## 第二节 秘密侦查的表现形式及分类

### 一、秘密侦查的表现形式

秘密侦查的方法和手段多样，其表现形式可分为技术侦查、诱惑侦查、卧底侦查、特情侦查以及其他秘密侦查手段等。

---

① 谢佑平、邓立：《秘密侦查的解读与诊释》，《中国刑事司法杂志》2005年第6期。

1. 技术侦查。所谓"技术侦查",是指依法享有秘密侦查权的国家机关或部门在秘密的形式下,应用科学技术,在隐蔽身份的前提下同犯罪分子做斗争的侦查手段。① 传统理论对技术侦查通常作以下理解:"它是指侦查机关为了侦查犯罪而采取的特殊侦查措施,包括电子侦听、电话监听、电子监控、秘密拍照或录像、秘密获取某些证据、邮件检查等秘密侦查的专门技术手段。"② 技术侦查在实践中通常被称为"技侦"或"行动技术侦查"。

1993年旧的《国家安全法》首次明确规定了技术侦查。该法第10条规定:"国家安全机关因侦察危害国家安全行为的需要,根据国家有关规定,经过严格的批准手续,可以采取技术侦察措施。"其后,1995年颁布的《人民警察法》第16条规定:"公安机关因侦察犯罪的需要,根据国家有关规定,经过严格的批准手续,可以采取技术侦察措施。"

技术侦查最主要的特点是,侦查人员与侦查对象的非正面接触性和获取证据的直接性。它通过秘密的电子监听、秘密录音、录像等手段,不与侦查对象正面接触、不易被侦查方察觉,即可直接了解被侦查对象的言语、计划、行动等,获取第一手证据。技术侦查的另一个特点是获取信息的顺向性,这与通常侦查措施需要通过证据逆向、间接认识事物有着很大区别。③

---

① 慕丰韵:《反革命犯罪侦察学概论》,中国人民公安大学出版社1986年版,第133页。
② 郎胜、王尚新:《中华人民共和国国家安全法释义》,法律出版社1993年版,第72页。
③ 朱孝清:《试论技术侦查在职务犯罪侦查中的适用》,《国家检察官学院学报》2004年第1期。

2. 诱惑侦查。诱惑侦查又称诱饵侦查、侦查陷阱或警察圈套，"泛指国家侦查人员或者受雇于国家追诉机关的人员特意设计某种诱发犯罪的情境或者为实施犯罪提供条件或机会，鼓动、诱使他人实施犯罪并进而侦破案件、拘捕犯罪人的侦查手段。"① 根据合法性可将诱惑侦查分为两种，一种是犯罪诱发型，即诱饵者鼓动被诱饵者，诱发其犯罪意图，促使其实施犯罪，这种警察圈套或侦查陷阱在英美法系国家称为"entrapment"或者"encouragement"；二是机会提供型，即诱饵者向已经产生了犯罪意图的被诱饵者提供实施犯罪的机会，这是狭义的诱惑侦查，在英美法系国家称为"undercover operation"或者"undercover Investigation"。② 狭义的诱惑侦查是合法的，而警察圈套或侦查陷阱是非法的，是辩护方进行辩护的理由。现实中，诱惑侦查的最大问题是如何区分狭义的诱惑侦查与警察圈套或侦查陷阱。美国和日本对这一问题的研究和立法都比较早，可以较为科学地对两者予以区分。

在美国与日本的刑事诉讼中，诱惑侦查和侦查陷阱是有区别的，诱惑侦查是一种由特定主体依其职权或者授权主动进行的主动侦查活动，为了实现侦查犯罪的目的，合理进行的一系列包括采取诱惑手段在内的侦查措施。相反，当侦查机关向本来并没有犯罪倾向的人灌输犯罪想法，为提起公诉引诱其实施犯罪时，成立侦查陷阱。如果在诉讼活动中，侦

---

① 吴宏耀：《论我国诱饵侦查制度的立法建构》，《人民检察》2001年第2期。

② [日] 西原春夫：《日本刑事法的重要问题》（第二卷），金光旭、冯军、张凌等译，中国法律出版社2005年版，第217~239页。

查行为被认定构成侦查陷阱或者警察圈套,将被辩护方作为行为无效的理由进行抗辩。

3. 卧底侦查。"卧底"一词本是方言,《现代汉语词典》将其解释为"埋伏下来做内应"。卧底的成立须符合两个条件,即隐匿身份和埋伏于内部。卧底侦查是针对有组织犯罪特有的有效侦查手段。在英文中与"卧底"相近的词是"密探"(undercover agent,即从事秘密工作的密探或者伪装起来的特务)、秘密警察(Secret police,尤其是指对抗反对国家的人的警察)。在我国,公安机关一般将其称为秘密侦察员。对卧底侦查的理解有广义与狭义之分。广义的卧底侦查是指具有侦查权限的人员,以某种身份作掩护,长期潜伏于犯罪组织内部,或者利用潜伏于犯罪组织内部的人员进行犯罪情况调查,搜集犯罪证据的一种秘密侦查措施。广义的卧底侦查包括(后文提到的)特情侦查。狭义的卧底侦查专指具有侦查权限的人员实施的卧底行为,不包括特情侦查。

卧底侦查较为明显的特征是:为了赢得犯罪组织的信任,卧底警察通常也要参与其中并从事一定的违法犯罪行为,进而获得必要的情报;卧底警察使用化名、伪装身份从事侦查活动(比如潜入他人住宅进行搜查、窃听等),在重大犯罪被侦破之前,其行为具有明显侵犯公民合法权利的性质。

4. 特情侦查。刑事特情是侦查机关领导和指挥的,用于侦查刑事案件、搜集犯罪情报、发现和控制犯罪活动的隐蔽力量。[①] 使用刑事特情的手段侦查犯罪被称为特情侦查。特情侦查之术语源于公安部内部1984年制定的《刑事特情工作

---

[①] 郭晓彬:《侦查策略与措施》,法律出版社2000年版,第245页。

细则》和 1986 年制定的《刑事特情规则》。其中《刑事特情规则》将特情侦查定义为，侦查机关为了预防和打击犯罪活动，从具有能够发现或接近犯罪分子，有一定活动能力并愿意为我工作的条件或具有为我控制的条件的人中物色建立和掌握使用的，用于搜集和了解犯罪嫌疑人、犯罪的思想动态，控制犯罪嫌疑人或犯罪中危险分子和要害部位，为侦破案件提供线索和情报的秘密力量。简单来讲，特情侦查就是利用线人给警察通风报信，这些人并非侦查人员，而是普通公民或一些犯罪分子。在英国，线人被称之为耳目，德国则将其与卧底警察一起称为秘密力量。虽然各国使用的名称不尽相同，但其本质如出一辙，即作为侦查人员获取信息的来源。

5. 其他的秘密侦查手段。除了上述几种秘密侦查措施外，在实践中还存在一些其他的秘密侦查措施：①控制下交付。控制下交付主要是为了打击毒品犯罪而使用的一种侦查手段。侦查机关虽然明知某种物品是违禁品，但不当场没收，而是在侦查机关的监视下允许并跟踪其流通，以确定其他参与非法交易的人的一种侦查方法。②守候监视。守候监视是指，侦查人员在侦查对象的住宅、经常出入的场所以及可能进行隐身藏赃、接头联络或实施现行犯罪和与案件有关的区域场所周围，选择隐蔽地点，设立秘密监视点对侦查对象进行监视控制的一种侦查方法。① ③跟踪盯梢。所谓跟踪盯梢，是指侦查人员以运动的方式，对侦查对象进行秘密观察，监视犯罪嫌疑人、重大犯罪分子的行踪，控制并掌握其外部活

---

① 郭晓彬：《侦查策略与措施》，法律出版社 2000 年版，第 344 页。

动,以获取线索或证据的一种侦查手段和方法。① ④秘搜、秘取。秘搜、秘取是指,侦查人员为了在不惊动侦查对象的情况下取得证据,采取秘密搜查与犯罪有关的场所,寻找破案线索或取走证据的行为。

## 二、秘密侦查的分类

对秘密侦查进行分类,是揭示和确定秘密侦查这一概念外延的重要逻辑方法,也是对秘密侦查进行深入研究,为秘密侦查法治化提供理论支持的必然选择。② 不仅如此,如果能在对现有的全部秘密侦查手段进行比较研究的基础上,按照其各自特点予以分类,当出现新的秘密侦查手段时,司法人员和学者能够基于手段特征,将其归入某一类秘密侦查中,进而根据相应法规对其进行规制,以缓和法律的滞后性。

不过,按照何种标准对秘密侦查行为进行分类更为科学、全面,学者之间存在较大争议。有学者依据秘密侦查依靠的力量,将秘密侦查分为依靠人力实施的秘密侦查和依靠现代科学仪器实施的秘密侦查。前者如诱惑侦查、卧底侦查,后者如监听。③ 但是,这种分类方法难以确保分类的周延性,造成一些手段无法归类。例如,跟踪行为有时依靠人力实施,有时却要通过装设跟踪器(Beeper)来进行。还有学者将秘密侦查分为三类:一是技术类秘密侦查措施(如电子侦听、

---

① 郭晓彬:《侦查策略与措施》,法律出版社2000年版,第322页。
② 谢佑平、邓立:《秘密侦查的解读与诠释》,《中国刑事法杂志》2005年第6期。
③ 艾明:《秘密侦查制度研究》,中国检察出版社2006年版,第36页。

电话监听、电子监控、秘密拍照或录像、邮件检查等);二是诱惑类侦查措施(如机会提供型引诱、虚示购买、控制交付等);三是派遣秘密调查人员类侦查措施(包括线人、特情、卧底侦查员等)。① 但是,这种分类方法同样存在不足:首先,分类标准较为模糊,一个合理的分类必须采用同一标准,否则各个子项之间的界限难以明晰,上述分类并没有明确其划分标准,标准的模糊性必然损害划分的科学性;其次,各子项外延存在相互交叉,如诱惑类秘密侦查措施与派遣秘密调查人员类侦查措施之间的子项存在相容关系;再次,划分后的各子项外延之和小于母项的外延,犯了"划分过窄"的错误。②

由上述分析不难看出,寻找一种统一、周延的分类标准成为问题的关键所在。对此,根据秘密侦查实施方式与实施内容的不同,可将其划分为内线侦查、外线侦查和技术侦查三类。③ 这种分类方法的划分标准清楚,各子项之间不会发生相容的现象,是一种较为科学、合理的分类方法,并得到众多学者的认同。

1. 内线侦查。内线侦查是指,依法享有秘密侦查权的侦查主体为了随时掌握罪犯的动向,及时发现和收集证据,所采取的隐藏自己真实身份或者利用其他人与侦查对象直接接

---

① 唐磊、赵爱华:《论刑事司法中的秘密侦查措施》,《社会科学研究》2004年第1期。
② 谢佑平、邓立:《秘密侦查的解读与诠释》,《中国刑事法杂志》2005年第6期。
③ 谢佑平、邓立:《秘密侦查的解读与诠释》,《中国刑事法杂志》2005年第6期。

触，渗入犯罪集团内部的秘密侦查行为。内线侦查包括诱惑侦查、卧底侦查、特情侦查等。

2. 外线侦查。外线侦查是相对于刑事内线侦查而言的，它是侦查人员以掌握侦查对象的外部活动情况和获取证据为目的，对侦查对象进行直接观察、监视、控制的一种侦查手段。① 外线侦查主要包括跟踪盯梢、守候监视、控制下交付等。

3. 技术侦查。技术侦查是指，依法享有秘密侦查权的侦查主体利用现代高科技手段，在侦查对象不知情的情况下，对其进行监视获取证据的秘密侦查行为。秘密的技术侦查主要包括秘密的电子监听、秘密录像、秘密拍照、秘密网络监控、秘密邮件检查等。

## 第三节 秘密侦查立法规制的必要性

### 一、历史发展的必然要求

作为一种侦查技术，无论是在国内还是国外，秘密侦查都可谓源远流长。我国最早有文字记载的秘密侦查技术可以追溯至距今约四千年的夏朝少康时期，"女艾杀浇"中所提及的跟踪监视。在国外，秘密侦查的历史最早可查证至罗马

---

① 郭晓彬：《侦查策略与措施》，法律出版社2000年版，第317页。

帝国时期。① 不过，纵观秘密侦查的历史，自人类进入阶级社会至"二战"结束这一漫长的时期，秘密侦查只是一种纯粹的侦查技术，对其运用缺乏基本的规则约束，带有明显的专断恣意的特征。因此，秘密侦查虽然在刑事侦查过程中发挥了一定的作用，但在更多的时候，却像一只被打开的潘多拉魔盒，作为恐怖统治的手段，给人类带来深重的伤害。例如，在纳粹德国统治期间，盖世太保们获得不受任何法律约束的特权，在整个德国，乃至大部分的欧洲大力进行秘密侦查，导致公民们整天生活在恐惧当中，生灵惨遭涂炭！

历史的经验告诉我们，如果缺乏制度的控制和约束，秘密侦查必将给人类带来严重伤害。制度经济学的代表人物康芒斯认为，所谓制度，就是"集体行动控制个体行动"，在此之中最主要的就是法制。② 为了发挥秘密侦查在侦查案件方面的积极作用，同时最大限度地削弱它的消极作用，必须以制度，特别是法律制度对其进行规制与约束。与部分发达国家相比，我国对秘密侦查的法律规制稍显落后。因此，我国必须加快针对秘密侦查的立法工作，确保秘密侦查在法律的严格约束下被运用。这是顺应历史发展的潮流的必然要求，有助于中国融入国际社会，更顺畅地享有国际权利、承担国际义务，也能更好地应对世界其他国家对中国人权状况的攻击。

## 二、促使侦查机关依法办案的必然要求

随着科学技术的发展和犯罪的越发智能化，犯罪分子为

---

① 艾明：《历史语境下的秘密侦查及其现代启示》，《甘肃政法学院学报》2007年总第90期。

② ［美］康芒斯：《制度经济学》，商务印书馆1997年版，第81页。

了逃避追捕，常常运用最新的科学技术手段实施犯罪，在此过程中，较之以往更狡猾、更隐蔽的手段被采用。为了破获犯罪手段日益进化的"高技术含量"的案件，侦查人员必须相应地调整、提升自己的侦查手段，而秘密侦查，正是应对此类犯罪的必然选择。特别是在危害国家安全案件、有组织犯罪案件，以及其他严重刑事案件中，秘密侦查的重要性不可替代。但是，诚如前文所述，秘密侦查手段的运用必须依法进行，否则将会造成诸多严重的不良后果。对秘密侦查进行详尽的立法规制，将秘密侦查的权力完全以法律的形式固定下来，使之走向法治化，侦查机关在办案过程中被依法授权、依法办案，严格在法律的框架内行使权力。只有这样，才能使侦查部门摆脱在秘密侦查时法律依据不足的尴尬，使之更好地运用合法的侦查手段打击犯罪。另外，随着我国法律的不断完善，在审判阶段对证据的要求越来越严格，非经法定程序获取的证据难以被法官采信。明确、细化对秘密侦查的立法，确保通过秘密侦查手段获取的证据具有法定的证明力，有利于更快、更有效地侦破案件，迅速打击严重犯罪。

### 三、保障人权的必然要求

我国 2004 年的宪法修正案将"国家尊重和保障人权"明确写入了宪法，从宪法上确认了社会主义国家对人权的高度重视。在刑事诉讼领域，人权保障与打击犯罪需相辅相成。诚如有学者所言，"惩罚犯罪归根到底是为了保护人民利益。国家行使刑罚权与保障人权是完全一致的。但由于惩罚犯罪与保障人权具有不同的内涵，自身所体现的价值观有一定的差异。因此，两者有时会发生冲突。如何协调两者的关系，取决于诉讼价值观念。我们认为，近代刑事诉讼的出现，在本质上可以说是人权思潮及人权活动的果实，国家司法机关只有在充分保障人权的前提下开展追究和打击犯罪的诉讼活动，才具有正当性。也就是说保障人权应是刑事诉讼程序设计和适用的基本目标。"[①] 受传统诉讼模式的影响，在我国相关法律的制定过程中，立法者比较重视权力管理他人的效力，对公民的义务规定较为详尽；与之相对，公民的权利内容并没有得到相应的重视，导致国家对权力的运行状况疏于防范，缺乏对其有效的监督和制约。在现有刑事诉讼制度中，秘密侦查尚未存在系统、明确的法律规定，亦不受侦查机关以外的权力制约，这与现代刑事诉讼所倡导的程序法定、司法审查、控辩平等基本原则有所冲突。规范权力、发展权利是法现代化的关键环节和着力点。对秘密侦查进行法律规制，规范化的权力运作模式"不仅可以为侦查机关采用秘密侦查手段提供法律上的依据，从而避免因侦查机关采用秘密侦查而造成执法人员故意陷人入罪的不良社会影响，减少被追诉人的不满和对抗情绪，而且意味着以法律形式对秘密侦查进行有效的控制，有助于克服秘密侦查中的恣意因素，减少侵犯人权现象的发生"[②]。因此，要在刑事司法领域实现保障人权的目标，必须加强法律在规范层面对秘密侦查的规制作用。

---

① 王圣扬：《刑事诉讼法》，人民出版社、中国社会科学出版社2003年版，第35页。
② 徐公社：《秘密侦查措施的立法构想》，《犯罪研究》2004年第1期。

# 第二章　秘密侦查法律规制的理论基础

秘密侦查具有的隐蔽性、易侵权性和当事人救济困难等特征决定了秘密侦查权很容易脱离控制，对侦查对象甚至第三人的合法权利存在非常大的威胁性，这与现代法治及刑事诉讼正当程序相冲突。对秘密侦查发展历史的研究结论表明，无论在何种历史发展阶段中使用秘密侦查手段，都出现这样或那样的滥用问题，这些问题早已出现并始终伴随着秘密侦查的实践。① 作为一种强力的侦查手段，秘密侦查在极大提高侦查效率的同时，也暗藏着侵犯人权与滥用的极高风险。由于秘密侦查对公民权益侵扰具有必然性，在其运用过程中始终伴随着非议。② 为此，在肯定秘密侦查的功效与价值的同时，也需要对潜在的风险给予适当的评估，以期在发挥秘密侦查打击犯罪的功能与防范风险之间取得平衡。法治理论、正当程序理论及权力制衡理论分别从不同角度体现

---

① Marx G. T., Undercover: Police Surveillance in America, Berkeley, University of California (1988), pp. 32 – 33.

② 严本道、张俊：《司法权合理运行视域下秘密侦查法治化研究——基于2012年新刑诉法的分析》，《湖北警官学院学报》2014年第7期。

出权力的行使应该以保障人权为终极目标。按照法治理论、正当程序理论和权力制衡理论的要求，必须对秘密侦查进行法律规制。

## 第一节 法治理论

### 一、法治观念的演变

早在古希腊城邦国家的政治思想中，法治观念就得以萌生。公元前7世纪至6世纪，号称古希腊七贤之一的毕达库斯就提出了人治不如法治的主张。① 其后，古希腊的思想家柏拉图在其著作《政治家篇》中首次提出"法律的统治"，并把法律统治与否当作是划分政府的标准之一。柏拉图的弟子亚里士多德更为重视法治，并强调法治优于一人之治。他提出了古代意义上的法治观念，即所谓法治就是"已成立的法律获得普遍的服从，而大家所服从的法律又应该本身是制订得良好的法律。"② 在中国，依法治国思想也历史悠久，春秋战国时期，已有儒家的人治论与法家的法治论之争，法家主张"明王之治天下也，缘法而治，按功而赏"，"刑尤等级"③ 等等。法家所提倡的法治，是与君主专制相连的，尽管这些法治主张对当时及以后的社会发展和进步，起到了一

---

① ［古希腊］亚里士多德：《政治学》，吴寿彭译，商务印书馆1983年版，第142页。
② 罗本琦：《刑事被告人人权的法律保障》，《现代法学》1997年第2期。
③ 《商君书·君臣》。

定的促进与推动作用，但真正意义上的法治国家从来没有、也不可能建立。

现代意义的法治是与发达的商品经济和民主政治相联系的，随着生产发展和社会进步，法治思想在理论上得到了进一步的阐释，在实践中，与国家统治、共和政体结合起来，并且随着文明的发展，经验的积累而不断改进。现代意义的"法治"一词有多种含义，国内外许多学者都从不同层面和角度对它进行过阐释。有学者认为，"法治是一种社会政治现象，是社会政治生活的基本原则。它与民主、平等、自由等原则相互联系、相互作用。法治原则既表示一种价值准则，即法律必须体现民主、权利、自由、平等的要求，又必须具备严格形式化标准。作为社会政治生活的普遍原则，法治代表一种特殊的治理国家的方式，即要求确立法在社会中的统治地位，严格依法办事。这种意义上的法治与'人治'、'德治'相对。可见，法治是一种贯彻法律至上、严格依法办事原则的治国方式。"①

学者同时认为，"法治并不仅仅意味着以法治国，它首先意味着法律应是良好的法律，即至少是体现一定民主政治的法律，同时也意味着一切人包括国家元首、政要、工作人员和普通公民都要服从法律、意味着法律的至上地位"②。

当然，上面所说的主要是从制度层面来理解法治，如果我们对法治的理解仅仅是这个层面，那我们所建设的法治永远也只是一些具体的操作规程、制度和技巧。因为，法治不

---

① 孙国华：《法理学教程》，中国人民大学出版社1994年版，第301页。
② 孙国华：《法制与法治不应混同》，《中国法学》1993年第3期。

仅仅是或者说更重要的是我们的法治理念。正如有学者所指出的那样,"首先,法治是一种观念,一种意识,一种视法为最高权威的理念和文化。这种观念、意识、理念和文化尊崇以社会集体成员的意志为内容而形成的规则体系。它重视个人在社会中的价值和尊严,但排斥个人在社会运行机制中的权威地位。其次,法治是一种价值的体现。法治不但要求一个社会的成员遵从具有普遍性特征的法,而且还要求这种被普遍遵从的法必须是好法、良法、善法。也即法治之法包含着民主、自由、人权、平等、公平、正义等等人类价值要素。因此,法治之法使人类对法律提出了更高的要求,它使立法者在法律制定之后必须接受价值的评判和检验。"[1]

## 二、法治的价值蕴含

价值是现代西方政治学理论和法学理论中经常使用的一个概念,通常用以下含义来界定:价值(value)是"值得希求的或美好的事物的概念,或是值得希求的或美好的事物本身。……价值反映的是每个人所需求的东西:目标、爱好、希求的最终地位,或者反映的是人们心中关于美好的和正确事物的观念,以及人们'应该'做什么而不是'想要'做什么的观念。价值是内在的主观的概念,它所提出的是道德的、伦理的、美学的和个人喜好的标准。"[2] 因此任何人类的造物

---

[1] 刘作翔:《思想的价值与法治的理念》,http://www.jflycn.net/dscn/file.php?id=1227,访问时间:2016年11月10日。
[2] [美]普拉诺等:《政治学分析词典》,胡杰译,中国社会科学出版社1986年版,第187页。转引自张云秀:《论法律与和谐的共同价值追求——秩序与正义》,《重庆工商大学学报》(社会科学版)2006年第5期。

都是人类一定价值的载体。法治也不例外,总是凝聚着人类对国家、社会的愿望,以及对自己的生活境遇和生活质量改变的追求。

大致说来,对法治的价值有两种不同的理解,一种是工具性的,一种是实体性的。按照工具性的理解,法治的价值仅仅在于保证规则的有效性。换言之,推行法治就是为了科学地制定并有效地实行规则,用流行的汉语语式,就是"有法可依、有法必依、执法必严、违法必究"。这种理解显然是不妥当的。一个纳粹政体想通过规则来实现其令人发指的目标,它也会使命令的制定和实施符合这种意义上的法治要求。如果这样去理解法治的话,那么,"在原则上,一个基本否定人权、普遍贫困、种族隔离、性别歧视和宗教迫害的非民主的法律制度就会比任何一种较为开明的西方民主政体的法律制度更符合法治的要求"[1]。弗里德曼曾说,"法治简单地指'公共秩序的存在'。它的意思是通过法律指挥的各种工具和渠道而运行的有组织的政府。在这一意义上,所有现代社会,法西斯国家、社会主义国家和自由主义国家,都处在法治之下"[2]。

对法治价值的实体性理解着眼于法治本身所包含的道德原则和法治所要达成的社会目标,依此,"法治被看做一种培育自由、遏制权势的方法,看做人类作为负责任的道德主

---

[1] Joseph Raz, *The Authority of Law*, p. 211. 转引自夏勇:《法治是什么——渊源、规诫与价值》,夏勇等:《法治与21世纪》,社会科学文献出版社2004年版,第58页。

[2] 弗里德曼:《法律与社会变革》,第281页,转引自沈宗灵:《现代西方法理学》,北京大学出版社1992年版,第66页。

体或自由意志主体所从事的一种道德实践"①。换言之，法治作为人类历经漫长黑暗专制时代后对自己生存方式的一种理性选择，其价值在于对人的自由及尊严的有效保护。归根到底，法治的核心价值在于对人权的保障。"从一定意义上讲，法治的所有价值目标都可以归结为尊重和保障人权，通过法治确认和保障人权，是人的自由发展进程的一个重要阶段。"②

### 三、法治语境下的秘密侦查法律规制

从法治思想的发展和实质内涵来看，法治的根本问题就在于对公共权力的限制或者控制，即运用法律来限制权力。德国法学家耶林曾经论证："伴随历史发展的进程，国家会通过自己制定的法律，不断地限制自己的政治权力和武装力量，不断限制自己的暴力属性。"③ 美国法学家博登海默认为，"法律的进步作用之一乃是约束和限制权力，而不论这种权力是私人权力还是政府权力。在法律统治的地方，权力的自由行使受到了规则的阻碍，这些规则迫使掌权者按一定的行为方式行事。④ 有了制约权力的法律，并不表明权力已经受到限制，还需要把制约权力的法律现实化，使制约权力

---

① 夏勇：《法治是什么——渊源、规诫与价值》，夏勇等：《法治与21世纪》，社会科学文献出版社2004年版，第61页。
② 曾宪义：《法律硕士专业学位招生考试教程》（上卷），法律出版社2000年版，第675页。
③ 吕世伦：《现代西方法学流派》，中国大百科全书出版社2000年版，第296页。
④ ［美］博登海默：《法理学——法律哲学与法律方法》，邓正来译，中国政法大学出版社1999年版，第358页。

的法律成为社会的实际,这样才达到了法治的目的。因此,实现法治,必须首先治权,而且必须是依法治权。

秘密侦查权属于国家公共权力,而且是具有强大的主动性、扩张性和强制性的权力,如不加以有效的约束和规范,极容易走向恣意和暴政,严重践踏民主和人权,破坏刑事诉讼法治。因此,必须加强立法以制约秘密侦查权,这是法治的必然要求。法治对秘密侦查有以下要求:第一,秘密侦查权必须依法行使,具有法律上的依据,在法律没有明确规定的情况下,侦查机关不得作出相关秘密侦查行为,而有关规制秘密侦查的法律也必须是制定得合理、良好的法律;第二,法律必须详细规制秘密侦查的一系列问题,如侦查主体、侦查权限、实施条件等;第三,必须于整个秘密侦查程序中建立起相应监督与制约机制,以防止秘密侦查权的滥用;第四,必须建立起相应的法律制裁机制,使得侦查人员在秘密侦查中的违法行为能够受到法律的制裁。

## 第二节　正当程序理论

### 一、正当程序的历史沿革

正当程序(due process),通常又称"正当法律程序",作为一个法律名词最早出现于13世纪的英国,但其思想源头却可以追溯到古罗马时代的"自然正义"理论,自然正义有两项基本要求即任何人不得做自己案件的法官和应当听取双方当事人的意见。中世纪时,神圣罗马帝国康得拉二世的一个法令规定:"不依帝国法律以及同等地位贵族的审判,不得剥夺任何人的封邑。"① 这虽然是给予封建贵族的特权,但却表达了正当法律程序的基本观念。1215年英国的《自由大宪章》第39条规定:"凡自由民除经其贵族依法判决或遵照国内法律之规定外,不得加以放逐、伤害、搜索或者逮捕"。② 以法律程序来约束君主,这是封建贵族在与君主斗争中取得的辉煌胜利。1354年英王爱德华三世签署的第28号法令的第3章规定:"未经法律的正当程序进行答辩,对任何财产和身份的拥有者一律不得剥夺其土地或住所,不得逮捕或监禁,不得剥夺其继承权和生命。"这是正当法律程序的第一次正式法令表达形式。

由于历史原因,英国对美国的法律思想、制度产生了很大的影响,加之美国人民追求自由和权利的秉性,伴随着争取独立的精神和由此产生的特定司法制度,刑事正当程序的理念在美国得到了很好的继承和发扬。1780年,美国马萨诸塞州的宪法中规定:"未经正当法律程序,任何人的生命,财产不得剥夺。"这是美国最早、最完整的"正当法律程序"的规定。1791年12月25日,"权利法案"被批准成为宪法的组成部分,其中第五条修正案第五款规定:"非经正当法律程序,不得剥夺任何人的生命、自由或财产。"这是美国宪法第一次对"正当法律程序"作出规定。但它被认为仅仅适用于联邦政府而不是对州政府和地方政府施加限制,且仅

---

① 焦洪昌、李树忠:《宪法教学案例》,中国政法大学出版社1999年版,第62页。
② 焦洪昌、李树忠:《宪法教学案例》,中国政法大学出版社1999年版,第62页。

指刑事诉讼程序问题。1867年,第十四条宪法修正案被宣布生效,其中第十款规定:"……非经正当法律程序,不得剥夺任何人的生命、自由或财产……",这是美国宪法第二次对正当法律程序作出规定。这一规定直接针对州政府、州政府官员和地方政府,旨在保护公民不受州政府的侵犯。在某种意义上说,它已构成了美国宪法权利的中心,有人将它称为"各种人权的守护者"。

"二战"后,随着比较法学的发展,正当程序的观念在世界范围内广为传播,其适用范围也逐步扩大到侦查程序。20世纪中叶美国开始了"正当程序的革命",在此次浪潮影响下,学者们对正当程序模式的基本特征进行了深入的研究和探讨,其中以美国学者帕卡提出的犯罪控制模式和正当程序模式所引起的影响最大。并且帕卡研究的重点是审前程序,特别是侦查程序。①

## 二、正当程序的含义

作为一种法律精神,正当程序经历了一个从英国飘扬过海到美国、进而影响到大陆法系国家乃至全世界的漫长旅程;作为一个法律名词,正当程序无疑具有最为丰富且变幻莫测的内涵,② 它的含义至今也没有形成通说。在其几百年的发展历程中,不同的人对它有着多种不同的理解。

在《布莱克法律大辞典》中,正当法律程序是指"通过

---

① 陈永生:《侦查程序原理论》,中国人民公安大学出版社2003年版,第168页。

② 樊崇义等:《正当法律程序研究——以刑事诉讼程序为视角》,中国人民公安大学出版社2005年版,第5页。

法庭审判的正规执法过程。在每个特定案件中，正当法律程序都意味着按照法律允许或者要求的既定箴言并按照这些箴言为特定案件规定的对个人权利的保障来行使政府权力。另外，'正当程序'还意味着基本公正。"①

美国学者乔治·F.科尔认为："正当程序是为了与刑事诉讼程序的对抗性相一致，刑事案件的被告人必须享有一定的受保护的权利，并按照同样程序对他进行侦讯。政府当局只有遵守这些程序从而保障被告人的权利，才可以采取反对被告人的行为。"② 英国著名法官丹宁勋爵认为："正当法律程序是法律为了保持日常司法工作的纯洁性而认可的各种方法：促使审判和调查公正地进行，逮捕和搜查适当地采用法律援助顺利地取得，以及消除不必要的延误等。"③

在我国，有学者认为：正当程序是指通过正义的法院执行法律的正常手段，法院根据法定、公平、正直、无偏私的程序处理案件，目的在于根据法律的规定对当事人的合法权利加以保护，尤其是被指控者。④ 还有学者认为："正当程序是一种权利保障机制，这一机制有两个着眼点：其一，对重要权利的剥夺和限制必须要通过一定的程序；其二，这种程序必须公正。"⑤ 笔者以为，虽然正当程序的含义众说纷纭，

---

① Henry Campbell, *Black's Law Dictionary*, 5$^{th}$ ed. St. PaulMinn. West Publishing Co. 1999, p. 449.

② 陈卫东：《程序正义之路》（第2卷），法律出版社2005年版，第7页。

③ ［英］丹宁：《法律的正当程序》，李克强、杨百揆、刘庸安译，法律出版社1999年版，第1~2页。

④ 谢佑平：《刑事司法程序的一般理论》，复旦大学出版社2002年版，第426~427页。

⑤ 魏晓娜：《刑事正当程序原理》，中国人民公安大学出版社2006年版，第3页。

但其所蕴含着的公正、文明、理性等诉讼价值是人们公认的。正当程序体现了刑事诉讼的程序本质，既是衡量刑事诉讼程序是否公正的标准，又是刑事诉讼程序公正的保障。

### 三、正当程序视野下的秘密侦查法律规制

从正当程序的产生、发展轨迹及内涵来看，其根源在于对政府权力的不信任和对公民权利保障的倚重。"通过保障公民权利来限制政府权力，这种权利与权力的逻辑是现代法治的要求，也是刑事诉讼现代化应有的理论逻辑。"[①] 刑事诉讼现代化的进程实际上就是人权保障不断彰显的历史，而正当程序的价值正在于尊重和保障人权，实现程序正义。因而，正当程序可谓现代刑事诉讼应具有的基本品格，推进刑事诉讼现代化必须树立正当程序理念。

正当程序是权利的保障机制。在秘密侦查中，侦查对象甚至无关的第三人的合法权利很容易受到侦查权的侵害、剥夺，比如在秘密的邮件检查中，权利人的通信秘密权就完全被剥夺了。所以，在秘密侦查中严格遵守正当程序是对权利的重要保障，秘密侦查的每项制度的设计都有应当高度符合正当程序。在美国，正当程序理念得到了宪法层面的强大支持，并通过一系列的具体制度保障公民在侦查程序中的基本权利。以电子监听为例，电子监听要事先向法官提出附有正当理由和具体对象、地点、时间等的申请，由法官审查批准，法官发出的许可证明确地记载了监听对象、时间、地点等，

---

① 马贵翔、胡铭：《正当程序与刑事诉讼的现代化》，中国检察出版社2007年版，第27页。

侦查人员在实施电子监听过程中必须严格遵守，而且实施完毕后应及时向法官汇报实施该侦查手段的内容。这也就是说，法律一方面授权警察具有使用电子监听的权力，另一方面规定了严格的程序性制约机制，这使得控制犯罪和保障人权在正当程序下得到了契合。

正当程序在秘密侦查中的展开有两条基本路径：第一，秘密侦查程序正当，符合形式理性的要求；第二，秘密侦查程序能够达到实质效果，即达到控制犯罪的目的，符合实质理性的要求。正当程序要求秘密侦查权的运用应当遵循侦查法定原则。该原则要求秘密侦查权的范围和秘密侦查的具体程序必须严格依据法律的规定，不能以部门规章任意扩张秘密侦查权，更不能以实践中的习惯作为秘密侦查权的依据。

根据程序法定原则的要求，任何干预、侵犯公民基本权利的侦查行为都必须有法律规定的授权，并由法律对该侦查行为的要件和程序作出明确规定。任何法律授权的侦查行为必须依据法律规定的程序来施行，否则该侦查行为及其所得证据将归为无效。秘密侦查行为是一种严重的干预公民基本权利的行为，必须首先由国家通过立法明确加以授权，且该授权的具体内容不得威胁到宪法对公民基本权利保护的范围与深度；同时，侦查机关必须根据法律授权的限度，按照法律规定的程序统一实施秘密侦查行为。换言之，秘密侦查行为的适用范围、条件、审批程序、相关信息使用以及救济方式等程序性内容必须通过立法得到确立，严禁任何未经法定授权、滥用法定职权或违反法定程序而行使的秘密侦查行为。绝大多数实行法治的国家和地区均对秘密侦查进行必要的法律规制，主要包括两种方式：一是在刑事诉讼法中对秘密侦查加以规定,德国、法国、意大利、俄罗斯等大多数国家均如此;二是通过专门的单独立法进行规定,比如美国《综合犯罪控制与街道安全法》(1968)、日本《关于犯罪侦查中监听通信的法律》(1999)、我国台湾地区"通信保障及监察法"(1990)及"卧底侦查法(草案)"(2003)。①

## 第三节 权力制衡理论

### 一、权力制衡理论的产生

权力是政治学中运用的最广泛的概念,② 但至今仍是一个没有规范性定义的概念。韦伯将之视为社会行动者贯彻自己意志的力量,"它意味着在一种社会关系里哪怕是遇到反对也能贯彻自己意志的任何机会,不管这种机会是建立在什么基础之上"。③ 罗素认为:"可以把权力解释成为若干预期结果的产生。因此,权力是一个量的概念。"④ 戴维·波普诺则指出:"社会学家用'权力'一词来指称个人和群体控制和影响他人行为的能力,而不管别人是否愿意合作。"据此,我们可以把权力理解为是一种有目的的支配他人的力量。同

---

① 张黎:《法治视野下的秘密侦查》,知识产权出版社2013年版,第68页。
② [美] E.R.克鲁斯克、B.M.杰克逊:《公共政策词典》,唐理斌等译,上海远东出版社1991年版,第29页。
③ [德] 马克斯·韦伯:《经济与社会》(上卷),林荣远译,商务印书馆1997年版,第81页。
④ [英] 伯特兰·罗素:《权力论》,吴友三译,商务印书馆1998年版,第23页。

时，权力也是一个关系概念，它存在于错综复杂的社会关系之中，并无时无刻不以利益为基础。①

作为一个政治范畴的概念，权力不是人类的本质属性，它是伴随着国家的建立而产生，社会的发展而分化的。它是由国家的强力机器作后盾，由公职人员按职分级行使管理国家内外事务的权威力量。权力最开始来源于原始社会赋予强有力的成员处理部落内外事务的权利。这种赋予是为了公众目的的实现和利益的最大化。后来部落的首领、酋长将这种权利渐渐转化成权力，并以军队、法律作为支撑权力的基础，国家也就产生了。权力来源于权利，取得的方式有强力征服式、世袭传承式、法律赋予式。强力征服式分剥夺普通人的权利和从推翻其他掌权者手中夺权等两种方式，在现代资本主义主流国家这种方式已被淘汰。世袭传承式流行了许多世纪，到今天还有许多国家保持着这种将权力世代相传的制度，许多资本主义国家至多保留着象征性的王权世袭制。法律赋予式是通过选举产生国家和地方权力最高执行者，再由最高执行者依法分配权力。西方学者贝特朗·德·儒旺纳尔指出，一切权力关系有三个不同属性，这三个属性为比较不同类型的权力关系提供了极大方便。儒旺纳尔认为，权力或权威有三个特征广延性是指遵从掌权者命令的 B（权力对象）数量很多；综合性是指 A（掌权者）能够调动 B 所采取的各种行动种类很多；最后，强度是指 A 的命令能够推行很远而不影响遵从。其中，权力关系的广延性（extensiveness）有狭义和

---

① ［美］戴维·波普诺：《社会学》，李强等译，中国人民大学出版社1999年版，第241页。

广义之分，狭义可以用孤立的一对关系说明，其中一人对另一人行使权力；后者可用政权来说明，其中人统治数百万以上的居民。权力关系的综合性（comprehensiveness）是指掌权者掌握权力领域的数量，或者权力对象全部行为和生命活动受到控制的比例和范围。权力关系的第三个属性是关系的强度（intensity），它是指掌权者使用权力控制权力对象行为的一切领域内可供掌权者有效选择的程度。权力的广延性、综合性和强度属性决定了权力的行使容易侵犯他人的权利，容易产生集权，因此自从权力产生开始就跟随着产生了对权力的制约。原始社会对部落酋长的推举和罢免，本身就包含了对权力的原始制约机制。古往今来，人们几乎本能地追逐着权力，有时甚至到了忘乎所以的痴迷程度，诚如罗素所言，"爱好权力，犹如好色，是一种强烈的动机，对于大多数人的行为所发生的影响远远超出他们自己的想像"[1]。如果不对权力加以约束，便会发展到恐怖的程度，它的必然结果是："权力导致腐败，绝对的权力导致绝对的腐败。"[2]

国家权力和人民权利是一对矛盾关系。国家的权力越大，人民的权利就越小，反之亦然。美国著名的趋势专家阿尔文托弗勒基至认为"权力就相当于电力"。如果你会用权力，它就会发挥功能，会让二个组织和团体去完成任务；如果你滥用"权力"，就会造成损害，如同电力会把计算机、灯、房子等东西烧掉，甚至也会把人电死。由于权力的这些特性，

---

[1] ［英］伯特兰罗素：《权力论》，吴友三译，商务印书馆1998年版，第189页。

[2] ［英］阿克顺：《自由与权力》，候健、范亚峰译，商务印书馆2001年版，第342页。

决定了权力行使的范围和程度必须受到严格的监控，否则将可能造成难以弥补的后果。权利作为社会生活中的一种特殊支配关系，在产生就具有鲜明的双重性质，有效运用能够为国家、社会、人民带来利益和好处，但是不当的行使也极有可能产生负效应，给国家、社会和人民带来损失和危害。因此，权力必须受到监督和制约，权力必须在法律规定的渠道内合法运转。

### 二、权力制衡理论的基本主张

从权力产生之日起，对权力的制约也同时存在，对权力进行制约的理论和方法也层出不穷。西方权力制约思想源远流长，大致可以追溯到古希腊、古罗马时期。公元前800年的海西欧德就曾经提出，自从潘多拉打开了罪恶的盒子，人性就向恶的深渊坠落。亚里士多德将人性恶与权力制约紧密联系在一起，提出"人类倘若由他任性行职总是难保不施展他内在的恶性。"尤其是"常人既不能完全消除兽欲，虽最好的人们（贤良）也未免有热忱，这就往往在执政的时候引起偏向。"因此就应当让"人们相互依仗而又相互限制，谁都不得任性行事，这在实际上对个人都属有利。"① 社会契约论的创始人伊壁鸠鲁主张限制统治者的权力以保障被统治者的权利，反对专横统治，他认为"那些最先制定法律和权利并在城市中建立管理制度和行政机构的人，在极大程度上以此促进了生活的安全和宁静。谁要是把这一切废除掉，那么

---

① ［古希腊］亚里士多德：《政治学》，吴寿彭译，商务印书馆1965年版，第169、319页。

我们便会过上禽兽般的生活"①。法国杰出启蒙思想家孟德斯鸠是西方权力制衡理论的真正开创者，他的权力制衡理论对后世产生了巨大的影响。由于认识到了"有权力的人都容易滥用权力"，孟德斯鸠早在18世纪上半叶就提出了"要防止滥用权力，制约权力"②的主张。

列宁晚年对社会主义国家权力制衡的问题进行了比较深入的探索，提出了一系列"权力制衡"的主张。他的权力制衡理论的核心在于扩大人民参与政治的途径，增强决策机关的民主基础，改组工农检察院，改革国家机关等方式来约束过度集中的党政权力，反对官僚主义，防止滥用权力和由此可能产生的党的分裂。

对权力进行节制的做法在我国也早已经存在，如春秋战国时期的儒家相信通过某种伦理的和政治的训练，可以使掌权者成为温和仁爱的贤人。毛泽东同志一直非常关注权力的制约问题，其权力制约的核心观点是"让人民监督政府"，在1945年黄炎培谈到共产党如何避免社会历史的"其兴也勃焉""其亡也忽焉"这个朝代更迭、历史轮回的周期率时说，"我们已经找到新路，我们能跳出这个周期率。这条新路，就是民主。只有让人民来监督政府，政府才不敢松懈。只有人人起来负责，才不会人亡政息"③。邓小平同志在对我国三十多年历史进行深刻反思和总结的基础上，提出了新的权力

---

① [苏]莫基切夫：《政治学说史》，中国社会科学院法学研究所编译室译，中国社会科学出版社1979年版，第65页。

② [法]孟德斯鸠：《论法的精神》（上册），张雁深译，商务印书馆1978年版，第154页。

③ 黄炎培：《八十年来》，文史资料出版社1982年版，第149页。

制约观点，包括以权力制约权力；改革政治体制，以适当分权制约权力；以法制制约权力；以群众监督制约权力；以素质制约权力。①

## 三、权力制衡理论下的秘密侦查法律规制

秘密侦查的产生是与犯罪的发展密切相关的。有人形象地将侦查与犯罪称为"孪生兄弟"。有了犯罪才有侦查，没有犯罪自然也就没有侦查存在的必要了。侦查与犯罪这对孪生兄弟又是一对冤家，从阶级社会开始，两者一直就争斗不休，没有停止过。另外，侦查与犯罪又构成了一对辩证的相互促进的关系体，侦查为了消火犯罪就需要不停地提高自身的技能和水平，犯罪为了避免被消灭的命运会不断地变化手法。因此，犯罪形态和方式在逐步地发展变化，对应的侦查技术也在不断地提高，侦查的权力范围也在不断地扩大，秘密侦查也就应运而生了。

秘密侦查权属于国家公共权力，具有与其他权力共同的属性，即广延性、综合性和强度属性，这决定了其行使容易侵犯他人的权利，加上秘密侦查权天生所具有的隐蔽性，使其更容易被滥用。按照权力制衡理论，必须用其他权力来制衡秘密侦查权，使之不能走向恣意与暴政。那么，用哪种权力来制衡秘密侦查权呢？或者说，哪种权力的制衡更合理、更有效呢？纵观世界各国，对侦查权进行制衡的模式主要有两种审判权的制衡和检察权的制衡。审判权对侦查权的制衡

---

① 孟祥馨等：《权力授予和权力制约》，中央文献出版社2005年版，第207~209页。

主要通过以下途径来进行：其一是审判权对侦查权的削减，典型例子是预审法官制度；其二是审判权对侦查权行使的事前制衡——令状主义；其三是审判权对侦查权行使的事后制衡——司法审查制度。检察权对侦查权的制衡主要有两种方式，一种是大陆法系国家警检一体模式下，检察机关直接享有侦查权，警察不过是检察官的助手和辅助机构，检察机关有权决定侦查的启动和终止，对重大侦查行为拥有决定权。但同时大陆法系国家的检察机构仍具有准司法机关的性质，其负有发现实体真实、维护司法公正的使命。另一种方式是我国的检察机关法律监督模式。根据我国《宪法》和《人民检察院组织法》的规定，检察机关是与法院平级的司法机关，它在诉讼程序中代表国家对所有执法活动进行监督和制约，这当然也就包括侦查机关的侦查活动，如对公安机关的立案活动、审查批捕活动、违法侦查行为、羁押延长要求等进行制约。从世界上大多数国家的成功范例来看，以司法权来对侦查权进行制衡是一个主流发展趋势。英美法系国家是典型代表，大陆法系国家也逐步确立了这个模式。我国没有确立对侦查权的审判权制衡模式，现有的检察机关法律监督模式对常规侦查权起的制衡作用十分有限，对秘密侦查权的制衡就更不用说了。要确立对秘密侦查权的合理的权力制衡，必须首先对秘密侦查进行法律规制。因为从权力的来源看，权力来源于权利，取得的方式主要是法律赋予，只有法律赋予的权力（无论是审判权或是检察权）才能名正言顺地监督制衡秘密侦查权。因此，权力制衡要求对秘密侦查进行法律规制。

# 第三章 秘密侦查法律规制的域外考察

在域外法治先行国家，基于对人权问题的重视以及对正当程序理念的推崇，大都已通过制定并颁布专门法律或通过判例形式划定了秘密侦查的合法边界。当然，在这些法治国家，对秘密侦查的法律规制也并非完美，实践中也不乏秘密侦查权滥用的问题。尽管如此，作为法治后发国家，加强对域外秘密侦查法律制度的考察，对于我国建立和完善具有中国特色的社会主义秘密侦查制度仍具有重大的借鉴意义。

## 第一节 英美法系国家的秘密侦查法律规制

### 一、美国秘密侦查立法

在英美法系国家，判例法是最重要的法律渊源，因此，美国有关秘密侦查的立法也更多的反映在相关判例当中，但是，制定法在美国秘密侦查法律制度中同样占有十分重要的地位。

美国宪法第4修正案规定:"人民的人身、房屋、书信和财产免受非法搜查和扣押";第14修正案第10款规定:"……未经正当程序,不得剥夺任何人的生命、自由和财产……"。这些条款是美国公民反对美国政府非法侵犯的有力武器。除了联邦宪法的一般性保护之外,美国国会和联邦法院也分别以法律和判例的形式确立了对政府非法侵犯行为予以约束和制裁的规则。

秘密侦查作为一类隐秘性措施,尤其易侵犯公民的隐私权。作为一项法律权利,隐私权在美国整个法律体系的权利序列中处于较高的阶位,其重要性是不言而喻的。"隐私是一种保持安静的独处生活的权利(the right to be alone);隐私就是我们对我们自己的所有信息的控制;隐私就是保护一个人在其不愿意的情况下不被其他人接近或者接触,无论是实际的身体接近或者接触,还是对个人信息的接触。"[1] 隐私权作为被美国民众视为与人类尊严不可分割的一种法律权利,在结构上是由有表面证据的诉讼请求、缺少免责条件和抗辩等要素组成。当政府直接或间接地损害他人、干涉他人事务、限制他人自治或者精神世界的利益时,他人就可以主张隐私权受到了侵犯,只要主张得当,便至少可以构成有表面证据的诉讼请求。如果被诉方不具有免责情形和抗辩理由时,那么他要承担相应的法律后果。因此,政府在实施监听行为时要遵从法律的规定,不得非法探知公民的隐私。1934年美国国会通过《联邦通讯法》,该法第605条规定:"未经发送者

---

[1] [美]托克音顿、艾伦:《美国隐私法:学说、判例与立法》,中国民主法制出版社2004年版,第5页。

授权，任何人不得对通讯进行窃听，不得将窃听的通讯的存在、内容、物体、主旨、结果、意义向任何人予以泄露或者发布。"联邦最高法院在 Lopez Vs. U. S 案和 Osborn Vs. U. S 案等四个判例中将窃听的性质和在程序上的要求进一步明确，内容主要是：政府部门所进行的电子窃听也是一种应受宪法第四修正案约束的搜查和扣押行为；在获得了与传统的扣押实物证据相同的令状许可的前提下，依据令状的规定所进行的秘密监听是允许的；授权进行电子监听的令状必须明确规定窃听的性质、范围、期限；不得根据违反第四修正案的一般令状侵入住宅或办公室。① 随着隐私含义的演化和隐私权范围的扩大，从1968年到1978年10年间，美国国会又通过了六部法律用来调整和规范各种信息的取得、储存和传播。其中，1968年美国国会通过的《综合犯罪控制和街道安全法》，是迄今为止仍然有效的对秘密监听进行规范的法律文件。该法取代了《1934年联邦通信法》第605条对监听的规定，对秘密监听的适用范围、权限、条件、批准或认可程序、令状与期限、执行程序、结果的使用等均作了较为详细的规定。② 1986年，美国国会通过的《电子通讯隐私法》则至今仍代表着美国近几十年有关保护公民隐私权法律的最高成就。该法不仅对1968年《综合犯罪控制和街道安全法》进行了修订，而且还根据计算机和数字技术所导致的电子通讯的变化增添了一些新的内容。其全部内容分为三章：第一章修订

---

① 陈永生：《秘密监听立法研究》，《政法评论》（2001年卷），中国政法大学出版社2001年版，第412~413页。

② 邓立军：《外国秘密侦查制度》，法律出版社2013年版，第52页。

了原1968年法案,管制获取有线、口头和电子通讯。第二章是管制获取已储存的有线、电子通讯及记录。第三章是管制使用笔式寄存器(pen register)和捕捉与跟踪装置。①

另外,在美国,卖淫、非法售酒、毒品犯罪以及公职人员贪污受贿犯罪相当盛行,这些犯罪的受害者大都不会主动告发,这使普通的侦查活动较难奏效,因此"鼓动"犯罪便成为警方的一种侦查手段。但是,如果这种行为把握不当,警方就会由正义的化身变为搅扰社会的元凶。在美国,人们把不当的"鼓动"犯罪称之为"侦查陷阱"。目前,判断侦查行为构成"侦查陷阱"的标准主要是"主观方法规则"和"客观方法规则"。前者最早由沃伦(Warren)大法官在谢尔曼诉美国案中所提出,其确立则是在美国诉罗素一案中,后者为《美国法学会模范刑法》所倡导。主观方法规则是指,如果犯罪来源于侦查人员的引诱或唆使,而非出于犯罪人的主观动机或意图,则侦查人员的行为构成侦查陷阱,犯罪人有权就此提出抗辩。客观方法规则是指,无论犯罪是否出于犯罪人的主观动机或意图,只要侦查人员在侦查过程中使用了引诱或教唆的手段,侦查人员的行为就会构成侦查陷阱。②相比较而言,后一规则显然比前一规则更为苛刻,因而对侦查行为的要求也更为严格,但《美国法学会模范刑法》只是法律专家起草的法律建议书,因而"客观方法规则"并不具有法律效力。

---

① [美]托克音顿、艾伦:《美国隐私法:学说、判例与立法》,中国民主法制出版社2004年版,第35页。

② 李学军:《美国刑事诉讼规则》,中国检察出版社2003年版,第105~106页。

## 二、英国秘密侦查立法

在英国，秘密侦查是执行者的习惯做法，使用普遍且娴熟。① 但长期以来，英国的秘密侦查却缺乏起码的法律规制，引发英国民众的强烈不满以及欧洲人权法院的严厉谴责。在重重压力下，英国政府不得不启动对秘密侦查的立法进程。1985 年，英国《通信截收法》首次在立法上确认了公民的隐私权，对警察通信截收的秘密侦查行为进行了规制。但是，该法调整范围十分有限，仅限于调整经过邮递或公共电信系统传输的通信的截收行为。因此，《1985 年通信截收法》施行后，效果并不彰显，公民隐私权未能得到有效保护，故而英国民众反对呼声日渐高涨。于是，英国在 1999 年 7 月 2 日发布了关于"通信截收"的征求意见稿，决定修改《1985 年通信截收法》，但不久该法被废止，取而代之的是《2000 年侦查权规制法》。

根据 2000 年《侦查权规制法》的规定，英国当前的秘密侦查表现形式主要有以下几种：通信截收、秘密监视、秘密人工情报源行为等。② 采取通信截收、秘密监视、秘密人工情报源行为都必须获得授权。作为政府公共权力部门之一的英国警察若要实施通信截收，必须获取国务大臣签发的许可证，在紧急情况下，经国务大臣授权，一名高级官员也可签发截收许可证。签发许可证的条件必须符合是出于国家安

---

① ［英］麦高伟、杰弗里·威尔逊：《英国刑事司法程序》，姚永吉等译，法律出版社 2003 年版，第 53 页。

② 邓立军：《英国通信截收制度的变迁和改革》，《中国人民公安大学学报》（社会科学版）2007 年第 23 卷第 3 期。

全、阻止或侦查重大犯罪、保护英国的经济利益、执行任何国际互助协议的目的。否则即属非法截收,所获证据可能面临被排除的危险。秘密监视的授权只有国务大臣和高级授权官员以及在相关公共机构中拥有国务大臣令中所指定官衔的个人才可以个人名义作出。上述授权主体在审查秘密监视的申请时,必须依照法定条件进行,对于不符合法定条件的申请,不得颁发授权书。秘密人工情报源行为的授权主体为在相关公共机构中拥有国务大臣令中所指定官衔的个人。未获授权,擅自实施秘密人工情报源行为的,将面临非法证据排除规则的制裁。

通信截收必须在法定的期限内进行,在紧急情况下通信截收的有效期限自许可证发放之日起5个工作日。其他情况下通信截收的有效期限从签发许可证之日起3个月或在许可证更新的情况下,从最后一次更新起3个月时间。秘密监视的一般期间为3个月,自授权同意之日起算。如需延长,必须依照法定程序办理。当秘密监视的授权条件不再充足时,应该终止该授权,授权的终止由授权同意人、最近一次延长人及其他有权人等作出。秘密人工情报源的行为的有效期间为12个月,自授权同意之日起算,如授权经延长的,自最近一次延长生效之日起算。

由于通信截收是以侵害公民,法人或其他社会组织的隐私权为必要成本或曰代价的,为减少这种成本或曰代价,《2000年侦查权规制法》对通信截收材料的使用作了若干限制以对公民隐私权进行救济。[①] 一是对截收材料及相关通信

---

① 邓立军:《英国通信截收制度的变迁和改革》,《中国人民公安大学学报》(社会科学版)2007年第23卷第3期。

数据的使用、分发、公布限定在必要的、经授权的最小范围和限度内，而不得任意扩展。该法还对截收材料及相关通信数据合法使用的范围作了具体、详细的规定，以防止截收材料及相关通信数据的滥用。二是对截收材料及相关通信数据的分发、公布的对象、范围和数量方面要注意防止泄密。三是对截收材料及相关通信数据要以安全的方式保存。当没有必要保留时，所有的截收材料及相关通信数据的复印件都必须立即销毁。

## 第二节 大陆法系国家的秘密侦查法律规制

### 一、德国秘密侦查立法

在德国，秘密侦查的运用历史极为悠久。同时，德国也是世界上较早将秘密侦查予以法治化的国家。作为大陆法系最具代表性的国家之一，德国有关秘密侦查措施的法律规范主要集中在该国的《刑事诉讼法》中。例如，《德国刑事诉讼法》第99—100条、第100条A至B、第100条C至G、第101条、第110条A至E，分别对邮件扣押、秘密监听、秘摄密录以及卧底侦查等均进行了详细的规定。具体而言，第99条对邮件扣押作了如下规定：准许在邮局、电报局扣押寄交被指控人的信件、邮件以及电报；在上述地点，对有事实可以推定是由被指控人寄发的、向他转交的并且其内容对于侦查具有意义的信件、邮件和电报，同样准许扣押。第100条则对扣押邮件的管辖权作出了规定：扣押决定一般由法官作出，在延误就有危险时检察院也可命令，但检察院的扣押令必须在3日内获得法官的确认，否则便失去效力。扣押邮件的开启权为法官所有，紧急情况下法官可将开启权移交检察院。移交的开启权不得要求撤销，但可随时撤回。第100条A项中对秘密监听和录音作了如下规定：如果有根据怀疑某人作为主犯、共犯犯有下述之一罪行，或者实施了具有可罚性的犯罪未遂或者犯罪预备，并且以其他方式不能或者难以查明案情。搜查被指控人居所，可以采取监听和录音。其列举的犯罪包括叛国罪、危害国防罪、危害公共秩序罪、伪造货币或有价证券罪、贩卖人口罪、谋杀罪、结伙盗窃罪、抢劫罪、敲诈勒索罪、毒品犯罪、与武器有关的犯罪等。第100条B项则对监听的申请、决定和实施作了具体的规定：监听和录音的决定一般只能由法官作出，在紧急情况下也可以由检察官决定，但是，检察官的决定必须在3日内获得法官的确认，否则便失去效力。法官的监听令要以书面形式作出，而且要写明监听对象的姓名、住址，以及监听的范围和期限（一般不超过3个月）等事项。该法还规定，当监听所获得的材料不再有使用需要时，应在检察官监督下立即销毁。①《德国刑事诉讼法》第110条A项至E项就派遣秘密侦查人员的实质要件和程序要件作了详细的规定。其实质要件有三：第一，必须要有"足够的事实根据"表明存在重大犯罪行为；第二，这些"重大犯罪行为"只限于：麻醉物品、武器非法交易以及伪造货币、有价证券犯罪；有关危害国家

---

① 何家弘、张卫平：《外国证据法选择》（上卷），人民出版社2000年版，第453~455页。

安全方面的犯罪；职业性的或常业性的犯罪；或者由团伙成员或以其他方式有组织地实施的重大犯罪。此外，对那些有一定的证据认为存在累犯的危险或案情特别重大有必要派遣秘密侦查人员的犯罪等；第三，只限于采用其他方式侦查将成效渺茫或者十分困难的情形。其程序要件也有三个：第一，必须经过检察院的批准，在延误就有危险且不能及时得到检察院的批准时，侦查机关可以先行派遣，然后提请检察院批准，但如果检察院在3日内未予批准的，侦查机关必须取消派遣。第二，针对特定的被指控人派遣或者是在执行任务时需要进入不允许公共出入的住房的，必须经过法官批准才能派遣秘密侦查人员，但在延误就有危险的紧急情况下，也可由检察院批准，在不能及时得到检察院的决定时，侦查机关也可以先行派遣，然后提请法官批准。法官在3日内未予批准的，侦查机关必须取消派遣。第三，检察院或法官在批准派遣秘密侦查人员时必须采用书面形式并且应附明期限，但只要派遣的前提要件还继续存在，则原来限定的期限便可以延长。①

**二、法国秘密侦查立法**

相对于其他西方法治国家，法国秘密侦查法治化起步较晚，步伐也明显迟缓，这与法国推行职权主义刑事诉讼模式有莫大关系。当前，法国对秘密侦查的法律规制虽取得了一定成就，但仍有极大改善空间。

在法国，从法律规定和侦查实务来看，秘密侦查权的配

---

① 邓立军：《秘密侦查法治化研究》，四川大学2004年硕士研究生论文。

置格局具有下列几个特点：其一，警方是秘密侦查的执行机关，具体负责秘密侦查的实施。尽管从法律的规定来看，检察官和预审法官都可以行使秘密侦查权。但从实践来看，无论是检察官还是预审法官都很少亲自进行秘密侦查，而将秘密侦查任务交给了司法警察。这就使司法警察很自然地成为了秘密侦查的实际执行者。其二，检察官和预审法官成为秘密侦查的授权主体。对于有些秘密侦查行为，如秘密监听法律只允许由预审法官行使批准权。

　　法国的秘密侦查的表现形式主要有卧底侦查和秘密监听，《法国刑事诉讼法》第100条至100条7和第703条32对两者作了规定。[1] 根据规定，侦查人员为了侦查毒品犯罪可以秘密身份实施卧底侦查。不过这类侦查措施必须事先在程序上获得检察官或预审法官的授权。法国对秘密监听的规定主要表现在以下几个方面：第一，秘密监听案件的范围只限于可能判处的刑罚为2年或2年以上监禁的轻罪或重罪案件，因此，违警罪案件被绝对排除在秘密监听范围之外。[2] 第二，预审法官认为有侦查必要的情况下，可以决定监听电信，并有权对监听的执行情况进行监督。[3] 第三，秘密监听期限最长为四个月，继续截留的必须按同样的条件、方式和期限重新作出决定。[4] 第四，为实施秘密监听决定，预审法官或其委派的司法警察，可以要求受电信部长领导或监督的部门或

---

[1] 张宗亮：《秘密侦查制度之比较研究》，《山东警察学院学报》2006年第4期。

[2] 《法国刑事诉讼法典》第100条。

[3] 《法国刑事诉讼法典》第100条。

[4] 《法国刑事诉讼法典》第100-2条。

组织中任何有资格的工作人员，或者要求经营需要经过批准的通信业务的电信网或服务部门的任何有资格的工作人员给予协助，以安装截收通信的设备。① 第五，秘密监听与录制活动都要制作笔录，并且写明每一次监听活动的日期、开始与结束时间。录制的全部资料都应当封存，而且法国监听立法遵循无关资料及时销毁的原则。销毁录制件，应当制作笔录。②

除了卧底侦查和秘密监听，《法国刑事诉讼法》还对秘密监视、秘密录音与拍照作了规定。根据《法国刑事诉讼法》第706－32条的规定，监视的适用范围为《法国刑法》第222－34条至第222－40条所指的犯罪。2004年3月9日，法国颁布《关于惩治有组织犯罪的法律》（自2004年10月1日起施行），对《法国刑事诉讼法》作了一些修改和补充。修订后的《法国刑事诉讼法》将监视的适用案件范围拓展到"有组织犯罪"，并规定了启动监视措施的法律依据，即必须在具备有"一个或多个合乎情理的理由"的情况下才能启动监视行动，否则即属非法。关于秘密录音与拍照，《法国刑事诉讼法》在第706－96条至第706－102条作了规定，主要包括几个方面的内容：其一，秘密录音与拍照适用的案件范围为有组织犯罪。其二，秘密录音与拍照启动条件为"进行侦查有此要求时"。其三，秘密录音与拍照一般由预审法官审批，但对于"夜间"（6时以前，21时以后）进入"居住

---

① 《法国刑事诉讼法典》第100－3条。
② 《法国刑事诉讼法典》第100－4条、第100－6条。

场所"安装某种技术装置的行动,则必须接受预审法官与"自由与羁押法官"的双重监督。①

## 第三节 两大法系国家秘密侦查立法所体现的原则

### 一、法律保留原则

通说认为,法律保留原则的思想发端于13世纪的英国。1215年的《自由大宪章》规定,除少数情况外,对于人民金钱义务的设定,归属于议会;对于生命权的剥夺,在任何情况下均由议会通过的法律确定。19世纪,伴随着民主原则和法治国原则在宪政实践中的确立,法律保留原则在大陆法系的代表国家——德国的宪政和司法领域逐步得以确立。1886年,德国著名行政法学者、现代行政法学的奠基者之一的奥托·梅耶在所著的《法国行政法原理》一书中首先从理论上对于法律保留原则的概念进行了阐述,并于1895年至1896年在其所著的《德国行政法》一书中对法律保留原则的适用范围、构成要件等进行了系统的论述。奥托·梅耶指出,"合乎宪法的法律只是对一些特别重要的国家事务而言是必要基础。在其他所有方面对执行权则无此限制,行政以自有的力量作用,而不是依据法律。我们把在这个特定范围内对

---

① 邓立军:《外国秘密侦查制度》,法律出版社2013年版,第233~238页。

行政自行作用的排除称之为法律保留。"① 从这一论述来看，法律保留原则最初只是一项行政法的原则，适用范围也仅限于对公民权利侵害或对于公民课以义务等不利情形，因此通常又可称之为"侵害保留"，但是，随着经济、社会的飞速发展，行政权力的急速膨胀和扩张已成为一个不争的事实，出于限制行政权力和保护公民权利的双重考虑，法律保留原则的适用范围逐步得以扩张。特别是"二战"以后，伴随着人权保障的呼声不断高涨，法律保留原则逐步向行政法领域外的其他公法领域扩张，在德国，"法律保留原则首先作为一项'一般法律原则'受到联邦宪法法院的肯定"②，并逐渐上升为一项宪法性原则，逐步向世界各主要法治国家传播。今天，法律保留原则已经成为公法领域的一项重要原则。

在刑事诉讼领域，法律保留原则也得到了广泛的应用。德国学者克劳思指出，德国基本法对刑事诉讼产生影响的三项基本原则之一即为法律保留原则，"法律的保留原则最后亦保障着被告，在其被国家侵害自由时，只得在法律许可之范围内方可为之，该项许可之范围包括需将侵犯措施之前提要件、内容及界限尽可能规定清楚，以使国民对国家的措施能有所预见。"③

在大陆法系国家，一般均对侦查机关允许使用的秘密侦查行为的种类、适用范围、适用程序、违法秘密侦查行为的

---

① 陈新民：《德国公法学基础理论》，山东人民出版社2001年版，第72页。
② 邓毅：《德国法律保留原则论析》，《行政法学研究》2006年第1期。
③ [德]克劳思·罗科信：《刑事诉讼法》，吴丽琪译，法律出版社2003年版，第14页。

法律后果等作了明确而具体的规定。从立法形式上来看，一般可以分为两种形式：一种是诉讼法律模式，即在刑事诉讼法典中对于秘密侦查行为作出明确而具体的规定，这一模式的典型代表为德国；另一种是专门法律模式，以日本为代表。在英美法系国家，在保有判例法传统的同时，近年来伴随着两大法系的融合和交流，在对秘密侦查的法律规制方面，也加快了成文法制定的步伐，成文法已逐步成为英美法系国家实现秘密侦查行为法律控制的主要依据。

综观两大法系对于秘密侦查行为的立法，由于历史传统、社会经济文化条件的不同，各国在立法上存在着一定的区别，但也有共同之处。对于各类秘密侦查行为，根据其对公民权利侵害程度的不同，对于跟踪盯梢、守候监视等对于公民权利影响程度小的秘密侦查行为，立法上一般不做明确规定，由侦查机关自由裁量决定适用，对于监听等易于强烈侵害公民权利的秘密侦查行为，则由立法机关作出明确规定。

## 二、比例原则

比例原则为19世纪德国在公法领域率先提出，目前已为法国、英国、美国、日本等国家以成文法或判例法的形式所采纳。

刑事诉讼中的比例原则包括适当性、必要性和相称性三个子原则。适当性原则要求侦查机关所采取的每一措施都适合于实现其所追求的诉讼目标；必要性原则牵涉手段与手段之间的关系，要求侦查机关在实现每一诉讼目标时尽可能地采取对公民权利损害最小的手段；相称性原则要求侦查机关在诉讼过程中采取的任何手段所造成的对公民权利的损害都不得大于该手段所能保护的国家和社会公益。① 比例原则源于自然法思想,德国学者奥托·迈耶在谈及这一原则的要求时曾指出:"以自然法上的基础要求警察做合乎比例的防御并界定警察权力发展的范围。警察机关不得在法律一般授权下,超乎自然法的范围,作出逾越授权的防御。逾越必要的限度,则是违法的滥权。"② 换言之,警察行使权力的时候不能违反比例原则。

比例原则对秘密侦查的要求在于:一是秘密侦查措施的选用必须与案件的重要性相适应。二是在使用秘密侦查措施时,应尽量采用侵害强度较小的手段。作为一项重要的国际刑事司法准则,许多国家的刑事诉讼法在规范秘密侦查时均体现了比例原则的要求。如《德国刑事诉讼法》第110条A规定拟派遣秘密侦查员的案件必须是:有足够的事实依据表明犯罪行为涉及麻醉品、武器非法交易、伪造货币、有价证券领域或者涉及国家安全领域,或者该行为为职业性或常业性类型的犯罪或者是由犯罪团伙或以其他方式有组织地实施之重大犯罪行为,或者基于一定的事实推断存在着累犯危险。并且,在侦查时这些案件还必须得具备两个条件:第一,采用其他方式侦查将成效渺茫或者十分困难;第二,案情特别重大,采用其他措施将难以奏效。③ 再如,《意大利刑事诉讼

---

① 姚莉、陈虎:《论侦查监督中的合比例性审查》,《人民检察》2006年第11(上)期。

② 陈新民:《宪法基本权利之基本理论》(上册),我国台湾地区三民书局1990年版,第258页。

③ 《德国刑事诉讼法典》,李昌珂译,中国政法大学出版社1995年版,第39页。

法》第266条规定，犯罪行为在此等情况下方能对谈话、电话或者其他形式的电讯联系进行窃听：依照规定依法应判处无期徒刑或者5年以上有期徒刑，且为非过失犯罪；依照规定依法应判处5年以上有期徒刑且为妨害公共管理的犯罪；犯罪行为涉及麻醉药品和精神刺激药物；犯罪行为涉及武器和爆炸物；走私犯罪；犯罪行为系利用电话实施的侵辱、威胁、骚扰或干扰他人的行为。①

总而言之，要实施监听、派遣秘密侦查员等侦查措施只有具备以下条件方才能够进行：其一，案件通常涉及国家安全领域或者其他比较重要领域。其二，犯罪者可能被判处较重的刑罚。其三，采用其他侦查措施不符合侦查效益的要求。这些规定无一不体现着比例原则。②

### 三、特定性原则

特定性原则要求秘密侦查措施只能针对特定的人，并且只能由法定的国家机关和人员实施。犯罪是反社会的行为，也是"孤立的个人反对统治关系的斗争"③，为了更有效地同犯罪行为作斗争，多数国家都把刑事侦查权掌握在自己手里，并赋予了特定的国家机关。英美法系国家尽管没有在统一的法典中明确侦查权的专属问题，但在大量的法规中确认了侦查机关享有的侦查权力。美国的侦查机关主要是警察，其侦

---

① 《意大利刑事诉讼法典》，黄风译，中国政法大学出版社1994年版，第89页。

② 黄吉伟：《中外秘密侦查法律制度比较研究》，《江西公安专科学校学报》2006年第3期。

③ 《马克思恩格斯全集》（第3卷），人民出版社2005年版，第379页。

查权限包括调查、搜查、扣押、逮捕、留置以及监听等。在英国，英格兰、苏格兰和威尔士的侦查机关并不一样，苏格兰的犯罪侦查由地方检察官负责。根据1967年《警察（苏格兰）法》第17条第2款规定，在侦查犯罪方面，警察局长应当服从适当的检察官依法作出的指示。① 大陆法系国家更强调侦查权的专有性。《德国刑事诉讼法》第110条A限定了担任秘密侦查员的资格条件，其第二款规定，秘密侦查员是利用为他们安排的、有一定时间性和经过更改的身份（传奇身份）进行侦查的警察机构官员。② 《意大利刑事诉讼法》第267条规定了有权进行窃听的人员范围，其第四款规定，公诉人亲自进行窃听工作，或者通过一名司法警官进行窃听。③ 除此之外，兼具两大法系特征的日本也在《关于犯罪侦查中监听通讯的法律》第3条中规定了进行监听的主体是检察官或者司法警察员。④

　　秘密侦查手段能否施用于犯罪嫌疑人之外的人？为了尊重和保护公民的合法权益，该种措施不应当被肆意扩大。就此问题，道格拉斯法官曾在对《纽约窃听法》的评论中阐明过自己的观点："安装一个精密的可选择接收的窃听装置或者'窃听器'当然不是在特定的时间和地点四处搜查并收集

---

① 孙长永：《侦查程序和人权：比较法考察》，中国方正出版社2000年版，第54页。
② 《德国刑事诉讼法典》，李昌珂译，中国政法大学出版社1995年版，第38页。
③ 《意大利刑事诉讼法典》，黄风译，中国政法大学出版社1994年版，第92页。
④ 宋英辉：《关于犯罪侦查中监听通讯的法律》，http：//www.cupl.edu.cn/ssfx/wg/lf/jap.htm，访问时间：2017年1月1日。

物品,但即使在有限的时间里窃听也是对隐私的最大侵犯。这相当于,在卧室、在谈生意的会议室、在社交场所、在律师办公室等任何可以安装窃听器的地方都设置了一个政府机关。"① 正因为如此,秘密侦查措施在实施时应当慎之又慎,不得滥用。

但是,基于刑事案件复杂化的考虑和对侦查效率的要求,法律不应当过度限制在特定情形下对犯罪嫌疑人的关系人行使秘密侦查的权力。《德国刑事诉讼法》第 100 条 A5 项规定:"命令监视、录制电讯往来时,只允许针对被指控人,或针对基于一定事实可以推断他们在为被指控人代收或者转送他所发出信息的人员,或者针对被指控人在使用他们的电话线的人员作出命令。"②

### 四、司法审查原则

秘密侦查中的司法审查原则是指侦查机关对侦查对象实施秘密侦查措施,应当向司法机关申请并由司法机关审查批准、决定,或对特殊情况下侦查机关自行决定实施的秘密侦查措施进行事后审查,防止秘密侦查权滥用以维护侦查对象权利的制度。

秘密侦查的司法审查是以司法权来制约秘密侦查权,防止其被滥用,以保护公民合法权利免受国家权力不当侵害。司法令状是司法审查的重要形式,非由法官签署相关命令,

---

① [美] 托克音顿、艾伦:《美国隐私法:学说、判例与立法》,中国民主法制出版社 2004 年版,第 12 页。

② 《德国刑事诉讼法典》,李昌珂译,中国政法大学出版社 1995 年版,第 34 页。

侦查人员不得实施秘密侦查行为。如《美国法典》第18章规定："所有执法人员应当树立窃听器可能构成违反联邦法律的重罪的证据观念。在确定有充分理由后，公正的联邦法官决定同意或不同意窃听器的使用。如果同意，法官还必须监控窃听器如何被安装和使用。如果没有获得必需的法官命令和不符合上述严格的要求，窃听器的使用将构成法律规定的重罪。"① 美国《综合犯罪控制与街道安全法》规定了法官签发的批准秘密监听的令状必须包括的内容：被监听者的身份；监听设备的性质及监听地点；被监听的通讯的类别以及与该通讯有关的犯罪；被授权进行监听的机构的名称以及授权进行监听的人员的身份；授权进行监听的期限及当预期的信息获取后是否应自动停止。② 《德国刑事诉讼法》同样也规定了对秘密侦查措施的司法审查③，《德国刑事诉讼法》第100条B项规定：监听和录音的决定一般只能由法官作出，在紧急情况下也可以由检察官决定，但是，检察官的决定必须在3日内获得法官的确认，否则便失去效力。法官的监听令要以书面形式作出，而且要写明监听对象的姓名、住址，以及监听的范围和期限（一般不超过3个月）等事项。该法还规定，当监听所获得的材料不再有使用需要时，应在检察官监督下立即销毁。

  需要注意的是，在秘密侦查程序规制的问题上，除了司

---

  ① See Title 18, *United States Code*, Section 2516.
  ② See John N. Ferdico. J. D., *Criminal Procedure*, West Publishing Co, 1980, p. 358.
  ③ 何家弘、张卫平：《外国证据法选译》（上卷），人民法院出版社2000年版，第455页。

法令状外，还存在另一种令状形式，即行政令状。在德国、日本等国家，秘密侦查只能依照司法令状，而在英国，对秘密侦查的限制只有行政令状。根据《英国2000年侦查权限制法》规定，包括住宅监视在内的监视行为必须得到国务大臣或其授权的高级官员的批准，在这些官员之中，既包括法官，也包括政府官员。[①] 因此，严格说来英国针对秘密侦查的审查并非司法审查。

---

[①] 邓剑光：《秘密侦查正当程序之理论解说》，《政治与法律》2005年第3期。

# 第四章 我国秘密侦查法律规制的不足与完善

## 第一节 我国秘密侦查法律规制评析

### 一、我国秘密侦查法律规制状况

秘密侦查在极大提高侦查效率的同时，也极易侵犯公民权利，因此其适用必须受到法律的严格规制。由于受多种因素的影响与制约，我国秘密侦查的立法长期以来一直裹足不前。[①] 以2012年《刑事诉讼法》的修改为界，可大致将我国秘密侦查的立法分为两个阶段：第一阶段自改革开放始至2012年3月《刑事诉讼法修正案》通过前；第二阶段为2012年刑事诉讼法修正案》通过后。在第一阶段，我国对秘密侦查措施的相关规定虽然在宪法、法律、部门规章及其他规范性文件中均有所涉及，但宪法、法律对秘密侦查措施的规定

---

[①] 邓立军：《突破与局限——新刑事诉讼法视野下的秘密侦查》，中国政法大学出版社2015年版，第1页。

十分笼统、原则，缺乏可操作性，而部门规章等其他规范性文件虽对秘密侦查作出具有可操作性的规定，但立法层级明显偏低。具体而言，第一阶段中涉及秘密侦查的规定大概有以下这些：我国《宪法》第40条规定，公安机关和检察机关"因国家安全或是追查刑事犯罪的需要"，可以"依照法律规定的程序对通信进行检查"。2012年修改前的《刑事诉讼法》中没有对秘密侦查措施进行明确规定，仅在第116条规定了："侦查人员认为需要扣押犯罪嫌疑人的邮件、电报的时候，经公安机关或者人民检察院批准，即可通知邮电机关将有关的邮件、电报检交扣押，不需要继续扣押的时候，应即通知邮电机关。"《国家安全法》（已于2014年修改为《反间谍法》）第10条规定："国家安全机关因侦察危害国家安全行为的需要，根据国家有关规定，经过严格的批准手续，可以采取技术侦察措施。"《人民警察法》（已于2012年修订）第16条规定："公安机关因侦查犯罪的需要，根据国家有关规定，经过严格的批准手续，可以采取技术侦察措施。"

相较于宪法、法律，一些部门规章对秘密侦查的规定则较为具体、明确。公安部制定的部门规章是其中较早规范秘密侦查措施的部门规章。例如，为规范技术侦查的适用对象、条件、范围、审批程序等基本程序问题，公安部于1985年制定了《公安部关于技术侦察手段的使用原则和管理办法的暂行规定》，2000年又制定了《公安部关于技术侦查的规定》。在规范刑事特情等内线侦查手段方面，1981年3月，公安部在原《刑侦耳目工作细则（草案）》的基础上，制定了《刑事特情工作细则（试行办法）》，后经多次酝酿修改，于1984年正式制定并颁发了《刑事特情工作细则》，这是有关线人制度的第一个规范性文件。2001年，根据刑事特情工作中出现的新情况、新问题，公安部又制定了《刑事特情工作规定》。此外，公安部禁毒局于2001年也制定并发布了《缉毒特情管理办法（试行）》，对缉毒特情的选建、使用、保护和管理进行了规范。除公安部制定的部门规章外，司法部也制定并颁布了《狱内侦查工作细则（试行）》，对狱内特情工作作了较为详细、具体的规定。

　　秘密侦查所得的证据性资料的证据化问题一直是刑事司法实践中的一个焦点问题，但长期以来，我国法律对此缺乏相关规定，导致秘密侦查所获取的证据的合法性问题一直没有解决。司法实践中秘密侦查获得的资料不能直接作为证据使用，而必须经过转化。2008年12月1日，最高人民法院公布的《全国部分法院审理毒品犯罪案件工作座谈会纪要》〔法（2008）324号〕提及特情介入侦破案件的处理原则，这是当时司法实践中对毒品犯罪案件中诱惑侦查问题的处理依据。2010年7月1日，最高人民法院、最高人民检察院、公安部、国家安全部、司法部联合制定的《关于办理死刑案件审查判断证据若干问题的规定》开始施行，该《规定》第35条①明确了侦查机关采用特殊侦查措施所收集到的证据的合法性。但在当时，学术界对此规定还是有很大争议的。学者们普遍认为，在《刑事诉讼法》还未对秘密侦查措施予以合法化的情况下，在该《规定》中先肯定了通过秘密侦查获

---

① 《最高人民法院最高人民检察院公安部国家安全部司法部关于办理死刑案件审查判断证据若干问题的规定》第35条规定："侦查机关依照有关规定采用特殊侦查措施所收集的物证、书证及其他证据材料，经法庭查证属实，可以作为定案的根据。法庭依法不公开特殊侦查措施的过程及方法。"

取的证据的可采性,有违法之嫌。当然,2012年《刑事诉讼法》施行后,这个问题已不复存在了。

一直以来,刑事诉讼理论与实务界均积极呼吁与尽力推动秘密侦查的合法化。在构建社会主义法治国家进程中,该问题日益得到国家重视。2008年11月28日,中共中央政治局通过了《关于深化司法体制和工作机制若干问题的意见》,标志着我国对立法规制秘密侦查的态度发生了积极转变。该文件指出:"为适应新形势下依法打击重大犯罪的需要,需要明确技术侦查、秘密侦查措施适用主体、范围、审批程序以及取得证据的法律地位。"为落实这一精神,2011年启动《刑事诉讼法》再修改工作时,秘密侦查被列为需要增加的重点内容之一。2012年3月,《刑事诉讼法修正案》通过,正式将秘密侦查措施合法化。在该修正案侦查一章中,对技术侦查措施、隐匿身份侦查、控制下交付三种秘密侦查行为进行了法律规制,其中又以规制技术侦查措施为重心。2012年《刑事诉讼法》成为现行对秘密侦查措施规定内容最为全面、效力最高的法律。

## 二、对我国秘密侦查立法的评价

2012年《刑事诉讼法》修改前,我国对秘密侦查没有予以系统全面的立法规制,法律对秘密侦查手段的种类、各自适用的范围、适用程序等并没有作出明确、详细的规定。虽然公安机关、国家安全机关等机关内部制定了关于秘密侦查手段的一些操作规则,但这些规则并没有对外公布,只由其内部掌握。相对民众来说,这些规则就是一些"隐形法律",人们对其无从认识,这与现代法治的要求相去甚远。因此,总体而言，2012年《刑事诉讼法》通过前，我国对秘密侦查的立法是严重滞后的，规范效力层级低，存在许多问题。具体说来，这一时期对秘密侦查的立法存在以下缺陷：

（一）与国际人权公约冲突

国际人权公约是由联合国制定的国际性的人权公约，加入这些国际公约以后，就要在刑事司法活动中遵守这些已经为国际社会所公认的基本人权准则，国内法不得与之相抵牾。国际公约的原则是不得以牺牲司法公正或威胁基本人权为代价来控制犯罪或建立秩序。① 1997年中国政府签署了《经济、社会及文化权利国际公约》②，并于2001年3月经全国人大常委会正式批准生效。1998年10月5日，中国政府签署了《公民权利和政治权利国际公约》③（以下简称《公约》），全国人民代表大会已将批准加入该公约的事宜提到了议事日程。一旦经过全国人民代表大会的批准，该公约将对我国产生法律拘束力。该《公约》第9条第1项规定："人人有权享有

---

① 陈兴良：《劳动教养：根据国际人权公约之分析》，《法学》2001年第10期。

② 第九届全国人民代表大会常务委员会第二十次会议决定：批准我国政府于1997年10月27日签署的《经济、社会及文化权利国际公约》。同时声明如下：一、中华人民共和国政府对《经济、社会及文化权利国际公约》第八条第一款（甲）项，将依据《中华人民共和国宪法》《中华人民共和国工会法》《中华人民共和国劳动法》等法律的有关规定办理。二、根据1997年6月20日和1999年12月2日中华人民共和国常驻联合国代表先后致联合国秘书长的照会，《经济、社会及文化权利国际公约》适用于香港特别行政区和中华人民共和国澳门特别行政区，依照《中华人民共和国香港特别行政区基本法》和《中华人民共和国澳门特别行政区基本法》的规定，通过各该特别行政区的法律予以实施。三、台湾当局于1967年10月5日盗用中国名义对《经济、社会及文化权利国际公约》所作的签署是非法和无效的。

③ 中国政府于1998年10月签署了该公约，现正在等待全国人大研究批准。

自由和安全,任何人不得加以逮捕或拘禁,除非依照法律所规定的根据和程序,任何人不得被剥夺自由。"同时,该《公约》第 17 条第 1 项规定:"任何人私生活、家庭、住宅或通信不得加以任意或非法干涉,他的荣誉和名誉不得加以非法攻击。"第 2 项规定:"人人有权享受法律保护,以免受这种干涉或攻击。"根据上述国际人权公约所确定的准则来考量我国 2012 年《刑事诉讼法》修改前秘密侦查实践,可以发现秘密搜查、秘密逮捕、邮件检查、监听等一系列没有法律明确授权的秘密侦查行为显然是侵犯公民人权的,是与国际人权公约规定相冲突的。

**(二)违反法律保留原则**

所谓法律保留原则,其基本含义是指关于公民基本权利的限制等专属立法事项,应当由立法机关通过法律来规定,行政机关不得代为规定,行政机关实施的行政行为必须要有法律的授权,不得抵触法律。它涵盖了民主政治原则、法治原则和基本权利保障原则。

我国《立法法》(2015 年修正)第 8 条规定:"下列事项只能制定法律:……(四)犯罪和刑罚;(五)对公民政治权利的剥夺、限制、人身自由的限制措施和处罚;……(十)诉讼和仲裁制度。"《立法法》第 9 条规定:"本法第 8 条规定的事项尚未制定法律的,全国人民代表大会及其常务委员会有权作出规定,授权国务院可以根据实际需要,对其中的部分事项先制定行政法规,但是有关犯罪和刑罚、对公民政治权利的剥夺和限制人身自由的强制措施和处罚、司法制度等事项除外。"秘密侦查属于诉讼制度又涉及犯罪和刑罚，会对人们的通讯秘密和通讯自由产生威胁，侵害公民的其他合法权利，应该由法律加以规定。但2012年《刑事诉讼法》修改前，我国秘密侦查实施的依据大多是侦查机关自己制定的一些规范，而不是立法机关制定的法律，这不符合法律保留原则。

（三）程序性规定缺失

秘密侦查本质上属于刑事程序法上的基本范畴，为此，法律应该对秘密侦查的适用对象，适用的案件范围、实质要件、权限、程序以及秘密侦查结果的使用等问题作出明确的规定，这已成为现代世界法治国的共同立法规律。然而，在2012年《刑事诉讼法》修改前，我国秘密侦查行为却缺乏起码的程序性规定，突出表现为以下两个方面：一是大部分秘密侦查行为并未纳入法律规制的视野，自然也就谈不上所谓的程序性规定的问题；二是即使象技术侦查这样的秘密侦查手段虽然已经为《国家安全法》和《人民警察法》所确认，但是上述二法对技术侦查的适用对象、适用的条件及案件范围、技术侦查的申请及审批程序，以及技术侦查所获材料的使用及禁用等基本程序规范都缺乏应有的规定，在技术侦查实践中，由于缺乏相关的程序性规范，技术侦查的操作全凭公安机关或国家安全机关的意愿，由此导致了技术侦查失范现象的频繁发生，已经严重侵犯了公民的合法权益。

（四）权利保障机制缺乏

秘密侦查具有易侵权的天然缺陷，因此世界各国同在通过立法授予国家侦查机关行使秘密侦查权的同时，也规定了诸多权利保护条款，以增强犯罪嫌疑人的防御和对抗能力，确保平等武装原则能够得到贯彻执行。以秘密监听为例，世界各法治国就普遍规定被监听人享有知情权、核查权、异议权以及请求变更或撤销权等多项权利。又如卧底侦查，世界各法治国也普遍规定在实施了卧底侦查以后，应当将有关情况通知当事人。相对西方法治国家而言，我国秘密侦查由于处于"神秘化"的境地，所谓犯罪嫌疑人权利保障的规定找不到任何法律依据，因此根本无从谈起，即使其合法权利遭到了国家侦查机关的不法侵害，也不可能知道，自然也无从予以救济和保障了。

2012年《刑事诉讼法》在"侦查"章专门增加了"技术侦查措施"一节，共5个条文，其内容涉及技术侦查措施适用案件范围、适用条件、实施期限、执行程序、所获证据适用原则等方面。应该说，此次《刑事诉讼法》的修改对有关秘密侦查措施的立法规制的积极意义是值得充分肯定的，它完善了我国的侦查制度，有力推动秘密侦查在制度层面实现法制化，既顺应了国际刑事法制发展的趋势，彰显我国依法治国的信心与决心，也适应了我国打击新型犯罪和保障人权的需要。不过，2012年《刑事诉讼法》对秘密侦查的立法规制虽突破了长期以来的观念束缚，但此次立法仍存在诸多不足。仅从2012年《刑事诉讼法》新增内容来看，此次立法不仅对技术侦查措施进行了规制，也附带对其他一些重要的秘密侦查措施如控制下交付、隐匿身份侦查进行了规制，在一定程度上解决了秘密侦查的合法性问题，但此次立法对有权机关采取秘密侦查措施的条件和程序设置均比较宽松，授权过多而限权过少，加之立法用语较模糊，条款规定过于原则，对秘密侦查的整个流程缺乏规定，特别对秘密侦查的监督和救济没有明确规定，很容易导致具体侦查实践中秘密侦查措施的滥用。对于2012年《刑事诉讼法》对秘密侦查立法规制的具体内容的评价，放在下节再详细阐述。

## 第二节　对2012年《刑事诉讼法》秘密侦查立法的评析

2012年《刑事诉讼法》第二编第二章第八节以5个条文对秘密侦查予以规制，涉及的秘密侦查措施包括技术侦查措施、隐匿身份侦查及控制下交付，但显然是以规制技术侦查措施为重心的。技术侦查措施主要包括电子监听、监视、网络监控、电子通讯定位、截取电子邮件等。作为实践中最为常见、最为有效的一种秘密侦查措施，技术侦查一直以来备受重视。在我国侦查实践中，技术侦查施行的历史较长，最早甚至可以追溯至中华人民共和国成立初期。但长期以来受"司法神秘主义"的影响而给人以十分隐秘之感，缺乏必要的法律规制，主要依靠"绝密性"的业务性规范加以控制，蕴含着侵扰公民合法权益的高度风险。[①] 同样，隐匿身份侦查、控制下交付一旦被滥用也容易造成对公民合法权益的侵犯。修改后的2012年《刑事诉讼法》在侦查措施中增加了对技术侦查等秘密侦查措施的程序规范，既防止秘密侦查措施的滥用，也适应了"打击犯罪与保护人权"的需要，为刑事侦查增添了一种有力手段，这必将对我国犯罪侦查产生极为重要的

---

[①] 邓立军：《突破与局限——新刑事诉讼法视野下的秘密侦查》，中国政法大学出版社2015年版，第3页。

影响,对推动秘密侦查法治化进程意义重大。

## 一、2012年《刑事诉讼法》对秘密侦查规制的主要内容

### (一) 技术侦查

1. 对技术侦查实施的时间节点的限制

根据2012年《刑事诉讼法》第148条的规定,公安机关、人民检察院只有在立案后才可以针对某些犯罪采取技术侦查措施,这就明确排除了技术侦查措施在立案以前的"初查"阶段的适用。所谓"初查",是指侦查实践中经常出现的一种在立案之前就启动侦查的现象。按照刑事诉讼的流程,其开端程序应为立案,立案之后才能进行侦查。但实践中"初查"行为却十分普遍,启动也较随意,引发了学界对侦查机关未经立案即启动侦查行为的深切担忧。考虑到技术侦查相较于普通侦查措施具有更大的侵权威胁的特殊性,在我国刑事诉讼法对技术侦查之外的其他侦查措施的启动时间并未作明文规定的情况下,2012年《刑事诉讼法》对技术侦查予以特殊"照顾",反映出对技术侦查严格规制的立法本意。

笔者认为,2012年《刑事诉讼法》之所以对技术侦查的启动时间节点作出明确的规定,旨在防止技术侦查措施的滥用。技术侦查作为一种十分有效的侦查手段,处于国家权力和个人权利博弈的焦点。人们对它可谓是爱恨交加,一方面,人们喜欢它能有效地打击犯罪,可以有效地维护自身安全;另一方面,它可能被滥用并严重侵犯公民权利。[①] 在以往的

---

① 李明:《秘密侦查法律问题研究》,中国政法大学出版社2016年版,第135页。

侦查实践中，技术侦查措施被滥用的现象并不鲜见，出于侦破案件的需要，侦查机关会在立案之初的初查阶段就采用技术侦查措施，从而严重侵犯公民合法权益。另外，技术侦查也容易被滥用于政治斗争、权力斗争之中，对之加以重点防范就十分必要。

2. 对技术侦查措施适用的案件范围的限制

2012年《刑事诉讼法》第148条第1款规定："公安机关在立案后，对于危害国家安全犯罪、恐怖活动犯罪、黑社会性质的组织犯罪、重大毒品犯罪或者其他严重危害社会的犯罪案件，根据侦查犯罪的需要，经过严格的批准手续，可以采取技术侦查措施。"第2款规定①："人民检察院在立案后，对于重大的贪污、贿赂犯罪案件以及利用职权实施的严重侵犯公民人身权利的重大犯罪案件，根据侦查犯罪的需要，经过严格的批准手续，可以采取技术侦查措施，按照规定交有关机关执行。"由此可以看出，侦查机关只能针对特定的案件适用技术侦查措施。从上述规定来看，目前技术侦查适用的案件范围主要局限于八大类犯罪案件，即危害国家安全犯罪、恐怖活动犯罪、黑社会性质的组织犯罪、重大毒品犯罪、其他严重危害社会的犯罪、重大贪污犯罪、重大贿赂犯罪、利用职权实施的严重侵犯公民人身权利的重大犯罪。并

---

① 2016年12月25日，第十二届全国人民代表大会常务委员会第二十五次会议决定在北京市、山西省、浙江省开展国家监察体制改革试点工作，试点地区暂停适用《中华人民共和国刑事诉讼法》第3条、第18条、第148条以及第二编第二章第十一节关于检察机关对直接受理的案件进行侦查的有关规定。监察体制改革试点工作开展以来，试点地区检察机关的反贪、反渎职能已整合至新组建的监察委。可以预见，监察体制改革后，检察机关将不再行使对职务犯罪案件的侦查权。

且，上述犯罪案件适用技术侦查时需贯彻重罪原则，即只有达到重大犯罪的程度才能适用，轻罪是不能适用的。不过，2012年《刑事诉讼法》第148条第3款的规定，追捕被通缉或者批准、决定逮捕的在逃的犯罪嫌疑人、被告人，经过批准，也可以适用技术侦查措施。这时是否也需要贯彻重罪原则呢？笔者认为，不同于2012年《刑事诉讼法》第148条第1、2款规定按照案件性质与严重程度确定可以适用技术侦查的案件范围，对于被通缉或者批准、决定逮捕的在逃的犯罪嫌疑人、被告人是根据侦查工作的需要来确定是否适用技术侦查措施的，如果适用技术侦查措施，必须同时符合两个条件：一是涉嫌的犯罪行为依法应当逮捕，二是犯罪嫌疑人、被告人确已在逃。因此，这里仍贯彻了重罪原则，侦查机关在适用技术侦查时也应注意其涉嫌的犯罪行为不属于轻微犯罪。

3. 对技术侦查措施适用条件的限制

根据2012年《刑事诉讼法》的规定，技术侦查措施的适用条件为"根据侦查犯罪的需要"。这一立法用语并非2012年《刑事诉讼法》之首创，而是来源于《国家安全法》和《人民警察法》的既有规定。《国家安全法》第10条规定："国家安全机关因侦察危害国家安全犯罪的需要，根据国家有关规定，经过严格的批准手续，可以采取技术侦察措施。"《人民警察法》第16条规定："公安机关因侦查犯罪的需要，根据国家有关规定，经过严格的批准手续，可以采取技术侦察措施。"可以看出，2012年《刑事诉讼法》所规定的"根据侦查犯罪的需要"这一技术侦查的适用条件，是对《国家安全法》中"因侦察危害国家安全犯罪的需要"和《人民警察法》中"因侦查犯罪的需要"的立法用语稍加修改改造而来，是对这两部法律既有表述的历史承继。①

4. 对技术侦查措施的适用程序限制

根据2012年《刑事诉讼法》第148条的规定，公安机关或人民检察院要适用技术侦查措施，必须"经过严格的批准手续"才能适用。这一立法用语同样明显参照了《国家安全法》和《人民警察法》的规定。

何谓"严格的批准手续"，2012年《刑事诉讼法》中并未予以明确，不得不说这是此次刑事诉讼法修改的一大盲区。在此之前，《国家安全法》第10条和《人民警察法》第16条也都规定采取技术侦查措施要"经过严格的批准手续"，但由于我国对技术侦查措施的严密封锁，技术侦查长期以来处于"神秘化"的境地，侦查实践中都是由公安机关和国家安全机关自行审批，自行执行的。有关技术侦查的规范性文件严格保密，外界无从得知技术侦查措施的审批程序，是否"严格"无从评判。因此，学界与实务界对何谓"严格的批准手续"均感到十分困惑，不明所以。甚至认为技术侦查的适用并没有所谓"严格的批准手续"。事实上，有关技术侦查措施的审批程序的规定不仅非常详细、具体，甚至也可以称得上是非常严格，只是由于是通过"绝密性文件"加以规定的，所以不为外界所知。② 例如，2000年通过的《公安部关于技术侦察工作的规定》，对技术侦察手段建立了两套不同的审批机制：一是"普通审批机制"，针对普通犯罪嫌疑

---

① 邓立军：《突破与局限——新刑事诉讼法视野下的秘密侦查》，中国政法大学出版社2015年版，第11页。

② 邓立军：《突破与局限——新刑事诉讼法视野下的秘密侦查》，中国政法大学出版社2015年版，第13页。

人实施技术侦查措施的审批机制；二是"特殊审批机制"，即针对党政机关的科处级干部的审批机制。2012年《刑事诉讼法》修改后，为了加强对技术侦查措施的规范，2013年9月4日，公安部出台《公安机关办理刑事案件采取技术侦查措施工作规则》，对技术侦查措施批准手续又作了新的规定。

5. 对技术侦查措施的适用主体的限制

根据2012年《刑事诉讼法》规定，公安机关、检察机关都享有技术侦查决定权，但检察机关并没有被赋予技术侦查措施执行权。对于贪污、贿赂等自侦案件，检察机关并不能由自己执行技术侦查措施，而是需要"按照规定交有关机关执行"。这里的"有关机关"具体指的是什么机关，2012年《刑事诉讼法》并未作出明确规定，但目前拥有技术侦查措施执行权的机关就只有公安机关和国家安全机关，检察机关在作出技术侦查措施的决定后只能在两者之间选择一个作为技术侦查措施的执行机关。

6. 对技术侦查措施实施期间的限制

根据2012年《刑事诉讼法》第149条的规定，采用技术侦查措施的批准决定自签发之日起三个月以内有效，对于复杂、疑难案件，期限届满后经过批准可以延长，每次不得超过三个月。对于不需要继续采取技术侦查措施的，应当及时解除。

7. 对技术侦查措施执行程序的限制

作为一项秘密侦查措施，技术侦查措施的保密性极强，在执行过程中极易侵犯公民的合法权利。为防止对公民权利的不当侵害，2012年《刑事诉讼法》第150条对技术侦查措施的执行程序作了专门规定，其内容主要有：其一，必须严格依照批准的措施种类、对象和期限执行技术侦查措施。其二，侦查人员及有关人员的保密义务。技术侦查过程中，可能会获取许多机密，一旦泄露将会对国家、社会及公民个人造成严重后果，因此，加强保密工作是十分重要的。因此，2012年《刑事诉讼法》第150条第2款规定："侦查人员对于采取技术侦查措施过程中知悉的国家秘密、商业秘密和个人隐私，应当保密。"该条第4款规定："公安机关依法采取技术侦查措施，有关单位和个人应当配合，并对有关情况予以保密。"其三，对与案件无关的材料的及时销毁。技术侦查所获那些与案件无关的材料，既与案情无关，又可能涉及犯罪嫌疑人、被告人甚至无辜的第三人的个人隐私，没有必要长期保存。因此，2012年《刑事诉讼法》第150条第2款规定："对于采取技术侦查措施获取的与案件无关的信息和事实材料，应当及时销毁。"其四，对技术侦查措施所获取材料的使用。为了防止犯罪嫌疑人、被告人甚至无辜的第三人的隐私等的不当扩散，技术侦查所获材料必须严格限定使用范围。2012年《刑事诉讼法》第150条第3款规定："采用技术侦查措施所获取的材料只能用于对犯罪的侦查、起诉和审判，不得用于其他用途。"这里所谓的"不得用于其他用途"是指相关材料不得用于刑事诉讼以外的任何领域，即使是民事、行政诉讼或行政处罚、行政处分等也不得使用。

8. 对技术侦查等秘密侦查措施所获证据材料质证的限制

长期以来，由于缺乏程序法上的规定，通过秘密侦查获得的材料不能直接在法庭上作为证据使用，自然也就谈不上进行质证了。2012年《刑事诉讼法》首次明确规定通过技术侦查等秘密侦查措施所收集的材料在刑事诉讼中可以直接作为证据使用，解决了长期以来通过秘密侦查取得的证据材料的合法性问题。但是,在使用通过秘密侦查措施所获取的材料证明案件事实时,可能会产生危及特情人员、线人或者耳目等有关人员人身安全的问题,或者造成泄露国家秘密、商业秘密或个人隐私等其他后果,为了避免此类现象的发生,在法庭质证时必须注意采取特殊保护措施。为此,2012年《刑事诉讼法》第152条规定:"如果使用该证据可能危及有关人员的人身安全,或者可能产生其他严重后果的,应当采取不暴露有关人员身份、技术方法等保护措施,必要的时候,可以由审判人员在庭外对证据进行核实。"

(二)隐匿身份侦查

所谓隐匿身份侦查,是指侦查机关为了查明案情,指派侦查人员或其控制下的有关人员通过隐匿真实身份的方式进行的一种欺骗性侦查活动。隐匿身份侦查有卧底侦查、诱惑侦查、化装侦查、特情侦查等形式。根据2012年《刑事诉讼法》第151条的规定,实施隐匿身份侦查的目的是"为了查明案情",实施程序是"经过公安机关负责人决定",限制性条件是"不得诱使他人犯罪,不得采用可能危害公共安全或者发生重大人身危险的方法"。

(三)控制下交付

控制下交付是源自国际公约的概念。依据《联合国打击有组织犯罪国际公约》第2条规定,控制下交付系指在主管当局知情并由其进行监测的情况下允许非法或可疑货物运出、通过或运入一国或多国领土的一种做法,其目的在于侦查某项犯罪并辨认参与该项犯罪的人员。形象来说,控制下交付就是一种"放长线、钓大鱼"的侦查方式。在我国侦查实践中，控制下交付常用于运输毒品等犯罪案件的侦查，但长期以来是以公安机关内部文件的方式来进行规范的，在法律规制方面一直空白。2012年《刑事诉讼法》的修改，改变了这种状况。根据2012年《刑事诉讼法》第151条第2款之规定，控制下交付的实施主体为公安机关，适用对象为涉及给付毒品或财物的犯罪活动。

**二、对2012年《刑事诉讼法》秘密侦查立法规制的缺陷分析**

客观来说，2012年《刑事诉讼法》对秘密侦查，特别是技术侦查的立法规制在一定程度上体现了某些先进理念，如程序法定原则、必要性原则等，顺应了"尊重和保护人权"的世界潮流，在促进侦查机关执法理念转变方面意义重大。但总体而言，2012年《刑事诉讼法》对技术侦查等秘密侦查措施的立法规制仍存在许多不足，在侦查实践中这些不足可能会被进一步放大，从而影响对秘密侦查法律规制的效果。2012年《刑事诉讼法》对秘密侦查规制的缺陷及不足主要体现在以下几个方面：

（一）以"技术侦查措施"作为节标题的名称不妥当

2012年《刑事诉讼法》第二编第二章第八节以"技术侦查措施"作为标题，但从其该节内容来看，不仅对技术侦查措施进行了规定，还规定了隐匿身份侦查、控制下交付等其他秘密侦查措施。因此，以"技术侦查措施"作为该节标题显然无法完全涵盖该节内容，同时也容易使人产生误解，认为技术侦查措施还包括了隐匿身份侦查及控制下交付，但这种理解显然是错误的。技术侦查措施是主要采取科技手段进行侦查的一类特殊的秘密侦查措施,技术性是其显著特点。隐匿身份侦查及控制下交付虽然有时也要用到一些技侦方法,但不是直接以科技手段为主要内容的侦查行为,因此,无论从理论上还是实务上都不能将隐匿身份侦查及控制下交付归类于技术侦查措施。

(二)秘密侦查措施适用条件、范围不明确,期限设置不合理

在各种秘密侦查措施中,技术侦查措施对公民权利的造成侵犯的风险更为严重,因此,对于技术侦查措施的使用,法治国家均设置了较为严格的条件,一般均将技术侦查作为最后的手段来使用,即在采取其他侦查手段没有作用的情况下才能采用技术侦查手段。反观我国 2012 年《刑事诉讼法》的规定,对技术侦查措施的使用只要"根据侦查犯罪的需要"即可,门槛显然很低。从适用的案件范围来看,2012 年《刑事诉讼法》初步体现了比例原则,对技术侦查适用的案件范围进行了限制,但限制范围不十分明确,仍存在边界不清的问题。2012 年《刑事诉讼法》第 148 条第 1、2 款采用了列举具体罪名和概括性规定的方法,对技术侦查适用案件范围作了规定,基本上遵循了技术侦查措施只能适用于严重犯罪案件的普遍法治原则,但条文中"其他严重危害社会的犯罪案件"和"重大犯罪案件"这样的"兜底条款"的存在,会使得技术侦查适用案件范围被无限扩大,从而导致技术侦查措施适用的普遍化。因为司法实践中往往是由侦查机关来界定"其他严重危害社会的犯罪案件"和"重大犯罪案件"范围的,这样一来,侦查机关的意志完全决定了技术侦查措施是否适用,使得对技术侦查的法律规制作用丧失,极

易导致技术侦查被滥用。根据2012年《刑事诉讼法》第149条的规定,技术侦查措施使用的期限一般情况下为3个月,经批准,每次可以延长3个月。该制度设计存在几个方面的问题:一是单次授权的时间相对较长。以监听为例,日本、意大利及美国立法规定的监听期间较短。在日本,法官签发监听令状时,一次最长只能授权监听10日,依据检察官或者司法警察员的请求可以延长,但累计监听期间不得超过30日。《意大利刑事诉讼法》规定监听一般不得超过15天。美国则要求授权监听的期限不得超过30天。德国、法国规定的监听期间要长一些,如德国监听期限限制在3个月内,并且如果允许监听的前提条件继续存在,准许对期限延长每次不超过3个月。法国则可长达4个月,且没有次数限制。可见,与世界各国立法相比较,2012年《刑事诉讼法》确定的单次授权的期间是偏长的。二是对延长次数没有作出限制,可能导致技术侦查措施适用的长期化、无期化。①

相对于技术侦查措施,隐匿身份侦查及控制下交付都属于比较传统的秘密侦查措施,2012年《刑事诉讼法》对两者均只作了授权性规定,而并没有对其适用条件、程序、时间和范围等进行明确限定。立法上的过于简陋势必造成实践中对这些侦查手段适用上的过于宽松随意,不得不说是这次修法的一大缺憾。

(三)有关秘密侦查措施批准程序设置不合理

技术侦查措施如被滥用极易导致公民的合法权益被侵犯,

---

① 邓立军:《突破与局限——新刑事诉讼法视野下的秘密侦查》,中国政法大学出版社2015年版,第33页。

因此，各法治国家普遍规定了严格的批准程序予以控制。根据分权制衡的原则，多数国家规定必须由侦查机关先提出申请，经过法官审查批准后方可适用技术侦查措施。当然，在紧急情况下，法律也允许侦查机关不经批准而由检察官或警察直接决定适用技术侦查措施，不过事后必须取得法官的追认，否则将会受到程序性制裁。在技术侦查措施的批准程序上，我国采取的是侦查机关内部的自行审批程序，即由各侦查机关自行决定是否采用技术侦查措施，而不受其他机关制约。这种内部审批程序在控制侦查措施滥用方面显然是有天然缺陷的，在缺乏必要外部监督的情况下，内部审批机制是难以发挥监督功能的，技术侦查措施被滥用的可能性增大。因此，未构建起对秘密侦查的司法审查机制也是2012年《刑事诉讼法》的一大缺陷。此外，从2012年《刑事诉讼法》的规定来看，对技术侦查措施适用的审批标准并不统一。第148条第1、2款规定采取技术侦查措施要"经过严格的批准手续"，而该条第3款则规定"经过批准"即可采取。两者标准显然是不一样的，前者要求"严格"，后者则不作此要求，条件相对宽松，实践中如何准确把握两者之间的界限是一个问题。在笔者看来，被通缉或者批准、决定逮捕的在逃的犯罪嫌疑人、被告人所犯罪刑一般均较为严重，其人身危险性较大，为尽快将其缉拿归案，采取技术侦查措施完全必要的，但审批标准不应降低，以免造成侦查机关滥权。

（四）未建立救济程序

2012年《刑事诉讼法》授权侦查机关在特定案件范围内可以根据侦查需要采用技术侦查等秘密侦查措施进行侦查，

但并未规定侦查机关超范围实施秘密侦查措施的法律后果。从2012年《刑事诉讼法》有关秘密侦查的规定来看，可谓授权有余而控权不足，未建立起针对秘密侦查行为的监督制约机制，也未提及对公民合法权益的保障措施，这种制度设计的后果将导致民众面对侦查机关滥权行为时无法得到有效救济。众所周知，易侵权性是技术侦查等秘密侦查措施的显著特征。那么，如何在发挥秘密侦查措施有效打击犯罪的功能的同时，保障公民合法权利不受违法侦查行为的侵害呢，除了通过严格的审批程序控制秘密侦查的合理作用外，还要设置有效救济程序以应对秘密侦查过程中侦查机关滥权造成的对公民权利的侵犯。这种救济需从以下两个方面着手：一是对违法及滥用秘密侦查措施的行为予以纠正和惩处；二是对被侵权人进行赔偿。对此，2012年《刑事诉讼法》的相关规定均付之阙如。

## 第三节 完善对我国秘密侦查的法律规制的思路与建议

2012年《刑事诉讼法》增加了对技术侦查等秘密侦查措施的法律规制，是一个明显的进步。但毋庸讳言，由于制度设计的不合理，2012年《刑事诉讼法》在对秘密侦查进行规制时，在价值理念上仍过于强调打击犯罪，而忽视了对技术侦查等秘密侦查手段的监督和制约，在落实保障人权的理念方面做的不够，整体上呈现出"秘密侦查合法化而非法治化"的特点，故仍存在诸多需要改革与完善的地方。

**一、完善我国秘密侦查法律规制的基本理念**

（一）打击犯罪与保障人权相结合

"刑事诉讼的直接目的在于实现惩罚犯罪与保障人权，实现司法公正"①。作为刑事诉讼程序组成部分的侦查程序，其目的自然应该符合整个诉讼程序的目的，但在实践中，侦查机关往往偏向于打击犯罪而忽视对人权——特别是犯罪嫌疑人、被告人的人权——的保护，这也是我国刑事侦查长期倍受诟病的一个方面。秘密侦查作为应对犯罪形式新变化的一个手段，在打击和惩罚犯罪上无疑作用重大，但它的使用比普通侦查手段更容易侵害人权，因此对其应当加强立法规制，打击犯罪与保障人权两者并重，不可偏废。

（二）立足国情同借鉴外国相结合

秘密侦查措施的法律规制应考虑我国的国情，根据我国现行的司法体制、立法惯例和立法水平来确定具体的立法体例和规则内容。对法治国家已有的立法经验也应予以辩证地借鉴。在借鉴法治国家关于秘密侦查措施立法经验的时候，应考虑以下几点：第一，对一些国际公认的具有普遍适用性的规则应予以移植；第二，对这种普遍适用性规则的接受应根据不同情况，能够一步到位的，就直接加以规定；不能一步到位的，应先加以改良，等条件成熟时再直接规定；第三，在完善我国秘密侦查措施立法时，应考虑我国的宪政体制、

---

① 陈光中、徐静村：《刑事诉讼法学》，中国政法大学出版社2000年版，第48页。

司法体制，以及我国的社会经济状况，使这种立法具有可能性，并在现实的制度框架下具有可操作性。

## 二、完善我国秘密侦查法律规制应采取的立法模式

立法模式，从静态的角度上讲即是指立法所采用的形式。在探讨完善我国秘密侦查的立法模式前，首先要明确我国的秘密侦查应该由哪一层级的法来规制。根据法律保留原则，有关犯罪和刑罚、对公民政治权利的剥夺和限制人身自由的强制措施和处罚、司法制度等涉及公民基本权利的事项必须由法律加以规定。这里的法律，是指狭义的法律，即由反映民意的国家立法机关制定的法律。根据程序法定原则，涉及公民基本权利的刑事程序只能由立法机关制定的法律预先规定，这意味着国家行政机关或者司法机关不得制定涉及公民基本权利的程序性规范，否则可能导致国家行政权和司法权的恣意和专断。之所以需要刑事程序法定是因为刑事诉讼法是实现国家刑罚权的过程，刑罚权的实现是以剥夺公民的自由和生命为主。因此，刑事程序的确定性、公平性就显得非常重要。[①] 秘密侦查措施的采用是以限制或剥夺侦查对象的隐私权、抑制其自由为前提的，为了防止侦查机关的恣意和权力的滥用，保护侦查对象的基本人权，维护其人格尊严，秘密侦查必须由刑事立法明确规定，而不能由其他层级的法规定。

明确了我国秘密侦查应该由刑事诉讼立法来规制后，再结合外国的立法模式来看看我国秘密侦查应采取的立法模式。

---

① 宋英辉：《刑事诉讼原理》，法律出版社2003年版，第70页。

国外关于秘密侦查的立法模式有三种,即诉讼法律模式、综合法律模式与专门法律模式。

(一)诉讼法律模式。所谓诉讼法律模式,即指在刑事诉讼法中对秘密侦查问题作出规定。这主要是大陆法系国家的立法模式,以德国于1998年修订的《刑事诉讼法》为代表。① 德国《刑事诉讼法》第100条A项(监听和录音)规定:"如果有根据怀疑某人作为主犯、共犯犯有下述之一罪行,或者实施了具有可罚性的犯罪未遂或者犯罪预备,并且以其他方式不能或者难以查明案情。搜查被指控人居所,可以采取监听和录音。"俄罗斯在秘密侦查立法上也采用了在诉讼法典中规定的模式,2001年修订《俄罗斯联邦刑事诉讼法典》第186条对监听做了规定:"如果有足够的理由认为犯罪嫌疑人、刑事被告人和其他人的电话和其他谈话可能含有对刑事案件有意义的内容,则在严重犯罪和特别严重犯罪案件中允许监听和录音,监听和录音根据法院依照本法典第165条作出的决定进行。"②

(二)综合法律模式。所谓综合法律模式,即在以打击和控制犯罪为基本内容的综合性法律中对秘密侦查方法进行规定的立法模式。这主要是英美法系国家的立法模式。英美国的法律传统是以判例法为基础的,但是在其现代法律体系中,制定法也是重要的法律渊源。20世纪60年代美国发生了卡兹案和伯格案等影响很大的涉及秘密侦查手段的案件之

---

① 艾明:《秘密侦查制度研究》,中国检察出版社2006年版,第330页。
② 《俄罗斯联邦刑事诉讼法典》,黄道秀译,中国政法大学出版社2003年版,第145~147页。

后，美国国会于 1968 年通过了《综合犯罪控制与街道安全法》。2001 年"9·11"事件发生后，布什总统签署了由国会参众两院通过的《美国爱国者法案》，使之成为打击恐怖主义的正式法律，因此又被称作《反恐怖法》。该法赋予执法部门更大的调查权力，包括监听涉嫌从事恐怖活动者的电话并跟踪其在互联网上的活动和电子邮件的使用。在英国，根据有关的判例法，警察在犯罪侦查中遇到通过常规侦查手段难以获取证据或线索的情况时，可以使用化装侦查、布设耳目、秘密窃听、电话监听等秘密侦查手段。随后在 2001 年颁布的《侦查权力规则》中，又对这些秘密侦查方法的使用重新作出了具体明确的规定。

（三）专门法律模式。所谓专门法律模式，即通过专门立法，对某一种秘密侦查方法的使用进行规定。例如，日本于 1999 年颁布的《犯罪侦查通信监听法》就属于这种模式。① 该法规定，为了保护安宁、健康的社会生活，警察可以针对杀人犯罪、毒品犯罪和倒卖枪支犯罪等案件的嫌疑人实施监听。侦查人员在有足够理由的情况下，可以向法院申请监听令。该法对法官的审批条件和监听的实施作出了具体的规定。根据该法的规定，日本警视厅还开始在 14 个都道府县的警察总部配备一种叫做"临时电子邮箱"的可以"监听"电子邮件的装置，以便获得与犯罪有关的信息。②

通过考察国外秘密侦查的立法模式，我们可以看出，由

---

① 何家弘：《秘密侦查立法之我见》，《法学杂志》2004 年第 6 期。
② 彭勃：《日本刑事诉讼法通论》，中国政法大学出版社 2002 年版，第 74 页。

于各个国家的法律文化传统和司法体制不同，其立法模式也各不相同，我国的秘密侦查措施立法模式也要根据我国现行的司法体制和刑事法律部门的现状来确定。下面结合我国的立法和司法体制对秘密侦查的立法模式予以讨论。

我国的刑事诉讼法在修改前，有学者就建议在"侦查"章中增补派遣秘密侦查员、诱惑侦查、监听通讯和秘密拍照、录音、录像等秘密侦查措施。① 但更多人表示担心，因为从我国的刑事诉讼法的立法特点来看，我国的刑事诉讼法一直具有规模较小、法条抽象程度较高的特点，即使修改后改变这个特点的可能性也很小。而秘密侦查的立法又比较庞杂，包括很多具体的规范，并且需要有一些配套制度，仅在刑事诉讼法中是无法作出全面规定的。从2012年《刑事诉讼法》对秘密侦查的规定来看，这种担心不幸而言中了，2012年《刑事诉讼法》第二编第二章第八节仅用5个条文就规定了技术侦查措施等秘密侦查手段的诸多问题，其内容涉及技术侦查措施启动的时间节点，适用案件范围、条件、批准手续、法定期间，所获材料的适用与销毁，以及侦查人员及其相关人员的配合与保密义务。但从这几个条文来看，规定过于粗放，许多地方含义不明，给有关司法机关留下了过于宽大和随意的制定具体规定的空间。

而专门法律模式这种立法模式具有问题集中，见效迅速等优点，可以作为针对严峻犯罪形势的一种紧急应对措施，但同时也存在调整范围狭窄、缺乏系统性等先天性缺陷。比

---

① 陈光中：《中华人民共和国刑事诉讼法再修改专家建议稿与论证》，中国法制出版社2006年版，第110~114页。

如单独制定了秘密监听法，则还要就其他的秘密侦查措施制定诸如跟踪法、秘密搜查法、卧底侦查法等。而这些立法中的当事人权利、非法证据排除、司法审查等都是相同或近似的，分别立法就会造成诸法繁杂、重复，在立法技术上也不大可取。

综合法律模式注重法律调整范围的严密性和法律整体设计的系统性，将几种秘密侦查行为规定在一部法律中，有利于节省立法资源，有利于法律的统一。另外，秘密侦查有很多有特色的规定和制度，与其他侦查手段有很大的区别。制定一部综合的秘密侦查法，可以将所用的秘密侦查手段规定在里面，统一进行法律控制。这样就避免了制定单一秘密侦查手段的立法模式的诸法繁杂、重复的缺点，又避免了在诉讼法典中规定的立法模式的立法不全面、适用不便等缺陷。所以，笔者认为我国建立统一的秘密侦查法律制度是未来较好的选择。

### 三、完善我国秘密侦查法律规制的程序建构

2012年《刑事诉讼法》对秘密侦查的规制仍存在诸多问题，不尽如人意，但其刚通过不过几年，预计再次进行大的修改在短期内无望。笔者认为，纵使刑事诉讼法再次修改，在该法典中实现对秘密侦查措施的详尽规制也不太现实，最好的做法还是制定一部综合的秘密侦查法，对秘密侦查的相关程序进行严格规范。

按照现代刑事诉讼法理念，任何程序规则的制定都应该以保障人权为终极目标。没有公民的基本权利做支撑，任何诉讼程序规则都可能带有明显的"技术性"和"手续性"的

特点，而不具有较为深厚的价值含量。秘密侦查程序的设定也必须以保障人权为目标，遵循比例原则和正当程序原则，使秘密侦查符合程序正义。在这样的目标指导下，我国的秘密侦查应具有以下程序性规定：启动程序、实施程序、结果处理程序。

（一）启动程序

1. 适用的案件范围。我国应明确规定可以适用秘密侦查手段的犯罪案件种类。借鉴世界主要法治国家的经验，我国在完善立法规制秘密侦查时应坚持比例适当的原则，也就是说秘密侦查手段的严厉性应该与犯罪行为的严重性相适应。换言之，秘密侦查手段只能适用于那些对社会危害大的严重犯罪案件。[①] 从我国的国情来看，秘密侦查适用的案件范围可以考虑从两方面予以限定：从犯罪种类来看，主要适用于无被害人型犯罪、反侦查能力突出的犯罪种类，如毒品犯罪、有组织犯罪、黑社会犯罪、恐怖犯罪；从犯罪严重程度来看，法定刑为十年以上有期徒刑、无期徒刑、死刑的犯罪案件，即使不属于毒品犯罪、有组织犯罪、黑社会犯罪、恐怖犯罪等特殊类型的犯罪，而仅仅是常规犯罪种类也可适用秘密侦查手段，如严重的暴力犯罪、危害国家安全的犯罪等。

在秘密侦查措施体系构成中，不同的侦查手段侵害法益的严重程度各不相同，如监听与跟踪对侦查对象隐私权的侵犯程度是有明显区别的。各种秘密侦查措施法益限制程度存在高低之分，也就要求针对犯罪的严重程度不同，各自的适

---

① 何家弘：《秘密侦查立法之我见》，《法学杂志》2004年第6期。

用范围应当有所区别。就适用范围而言,也可以考虑设置一定范围为绝对禁止秘密侵犯的领域,如公民住宅、享有职业特权保护的律师事务所等,这些范围内的信息或者说隐私是维系整个社会健康良性运转的基石,即使以追究犯罪为名,也不得侵犯。①

2. 启动秘密侦查的条件。为了有效地限制秘密侦查权的滥用和保护当事人的基本权利,我国应对启动秘密侦查的条件加以明确地规定。由于秘密侦查措施种类的不同,其具体的适用条件也相异,但都应该满足以下两个条件:一是秘密侦查必须是在采用常规手段难以查清案件事实真相时候才能采用,即"必要性原则"或"比例原则"。也就是说对于上述法律规定的可以实施秘密侦查手段的犯罪,如果采用传统的、一般的侦查手段和措施足以查明案情,收集相关证据的,就不必采用秘密侦查手段,必须坚持秘密侦查手段的绝对必要性或最后手段性。二是在实施秘密侦查前必须对被侦查对象有合理怀疑,即"相对确信原则"。侦查机关在考虑使用秘密侦查手段时,应该有相当的证据怀疑犯罪嫌疑人已实施了犯罪或有明确的犯罪意图,有合理的证据证明采取秘密侦查行为的要件已经成立。比如,美国于1981年实施的《关于秘密侦查的基准》中确定与此相关的两个基本条件:一是根据情报提供者及其他手段获得的情报,足以怀疑对象有正在实施或即将、可能实施同类违法行为的迹象;二是有关违法行为的机会的构成,包括有足够的理由相信被诱惑乃至被直接鼓动的对象具有实施计划性违法行为的倾向。这原则体现

---

① 孙长永:《现代侦查取证程序》,中国检察出版社2005年版,第39页。

在审批程序中，即要求申请者必须提供"合理的根据"的证明。

（二）实施程序

秘密侦查的具体实施程序主要涉及秘密侦查的主体、实施期限和秘密侦查中的记录这三个基本的问题，下面就这三个问题进行探讨。

1. 秘密侦查的主体。对侦查主体内涵和外延界定的功能在于强调职能主体的合法性，这一合法性同时也是主体行为有效性的前提。[①] 由于传统和具体情况不同，各国学术和立法上对秘密侦查的主体问题有一定争议。有些认为只有国家公务人员才是秘密侦查的主体，有些认为秘密侦查的主体不单指国家公务人员，私人侦探、耳目也是侦查主体。

我们对侦查主体的界定应该从法律的角度去认识它，同时也应该考虑我国的实际情况。侦查主体的本质特征在于有侦查权，即根据法律的授权，为了追诉犯罪有权采取专门的调查活动，并有权采取限制或剥夺公民的自由、隐私等权利的强制措施。从这个特征来看，我国的侦查主体只能是国家公务人员。而耳目无权采取限制或剥夺公民的自由、隐私等权利的强制措施，他们的行为并不受《人民警察法》的约束，并且有些耳目本身还是犯罪分子，因此这些人不能算作秘密侦查的主体，只是侦查人员获取信息的来源。至于私家侦探、新闻工作者也不能是我国秘密侦查的主体。

---

① 刘小和：《论侦查主体》，《江苏警官学院学报》2003年第3期。

2. 秘密侦查的实施期限。某些一次性即可完成的秘密侦查行动，应事前确定具体行动的时间、地点，并报审批主体审批。如果超过审批的时间而没有采取行动的，则预定的秘密侦查行动当然取消。对于需要一定期限才能完成的秘密侦查行动，立法上应确定一个合理的起止时间，既便于在此期间根据侦查对象的活动情况灵活行动，也有利于促进及时侦查、明确权力的界限。美国《FBI 秘密侦查之基准》Ⅳ节 B 条第（2）项规定，"经授权的秘密侦查期限为 6 个月，期满后可以延续 6 个月，但总共不得超过 1 年"。以此为参照，立法时应根据不同种类秘密侦查措施的特点规定相应的期限，审批主体在此期限内根据每次行动的情况确定具体的期限。

3. 秘密侦查中的记录。在秘密侦查中整个秘密侦查措施的实施过程是由侦查机关单方控制，当事人和中立的司法机构在这期间并不像公开侦查中那样可以参与进来。而按照司法审查原则，司法机关要对侦查机关的行为进行审查；按照程序参与原则，当事人应该在事后了解秘密侦查的过程，从而为进一步行使自己的防御权打下基础。所以我国的秘密侦查立法中应该规定，侦查机关必须将整个实施秘密侦查的过程都纪录下来，以便接受司法机关的审查。同时，当事人也可以从这些记录中了解到自己的权利是否被非法侵害了，以便向有关部门提出异议或控告。

（三）结果处理程序

秘密侦查的结果包括两种类型：一种是线索性情报，另一种是证据性资料。对于前者，如通过跟踪、盯梢、监视和秘密搜查等措施掌握的侦查对象活动的信息，可以作为进一步侦查的依据，如果由此发现了犯罪证据，则可以通过公开侦查的方式予以搜集。而证据性资料内容广泛，例如刑事特情、卧底侦查人员所直接了解的犯罪组织内部的活动情况，秘密监听、拍照、录像所摄取的与犯罪有关的信息、影像等。秘密侦查所得的证据性资料的证据化问题一直是刑事司法实践中的一个焦点问题。以刑事特情为例，过去认为，特情提供的材料不能直接作为刑事诉讼证据使用，必须使用时，应通过检举、告发的形式进行转化；但检举、告发来源的合法性，在法庭上往往缺乏相应的证明。2012年《刑事诉讼法》规定采取技术侦查措施收集的材料可以在刑事诉讼中作为证据使用，对通过秘密侦查措施收集的证据的合法性予以了肯定，但2012年《刑事诉讼法》关于秘密侦查的证据效力的规定远非完善，主要表现在：一是秘密侦查取证的合法性界限不清，导致非法证据范围不明；二是秘密侦查中非法证据排除界限不明，对一些非法证据应否排除，根据目前的法律规定难以判断；三是对庭外核实证据的情况没有设定边界，可能损害实体公正；四是规范秘密侦查证据使用的配套制度还未建立。① 对于上述问题，要建立专门的秘密侦查证据制度予以解决，以充分发挥秘密侦查之效能。

### 四、我国秘密侦查中的救济机制

赋予侦查对象或辩护方对秘密侦查所获得的信息有提出异议权、非法证据请求排除权、非法秘密侦查行为的求偿权

---

① 李明：《秘密侦查法律问题研究》，中国政法大学出版社2016年版，第154～157页。

为我国秘密侦查措施的司法救济方式。根据"有权利必有救济"这一古老的格言，借鉴国外在立法中所确立的司法救济原则，应在刑事诉讼法中明确规定侦查对象对秘密侦查所获得的信息享有提出异议权，对秘密侦查所获得的非法证据享有请求排除权和对非法秘密侦查行为的求偿权。赋予侦查对象、辩护方享有上述权利有助于提高被侦查者对秘密侦查的防御能力。如秘密侦查所获得的信息，既包含对辩护方不利的证据，也可能包括对辩护方有利的证据，因此，在开庭前侦控方应该将秘密侦查所获得的证据同其他证据一起向辩护方开示，允许被侦查对象就秘密侦查所获得的证据提出异议，这无论是对于保证秘密侦查内容的真实可靠性，还是对于保障诉讼当事人参与诉讼程序、维护其合法权益都具有非常重要意义。再如，为了维护公民的合法权益，对于不经批准、不按批准书指定的方式、时间、地点、期限采取的秘密侦查措施所获得的证据材料，坚决予以排除、摒弃。此外，对于违法秘密侦查，除了应根据违法侦查行为的性质和后果来追究相关人员的行政、刑事责任外，非法秘密侦查行为的受害者应有权提起国家赔偿诉讼，以救济其受损权利。

# 第五章 2012年刑事诉讼法视野下几种秘密侦查措施的法律规制问题研究

  2012年《刑事诉讼法》第151条规定："为了查明案情,在必要的时候,经公安机关负责人决定,可以由有关人员隐匿其身份实施侦查。但是,不得诱使他人犯罪,不得采用可能危害公共安全或者发生重大人身危险的方法。对涉及给付毒品等违禁品或者财物的犯罪活动,公安机关根据侦查犯罪的需要,可以依照规定实施控制下交付。"这是我国第一次在刑事诉讼法中对隐匿身份侦查、诱惑侦查及控制下交付进行立法规范,应该说是对秘密侦查措施进行法律规制的一个突破,意义重大,但是该条文只是一个简单的授权性规定,对有关隐匿身份侦查、诱惑侦查及控制下交付的适用范围、程序、合法性界限等均没有作出具体而明确的法律规制,因而仍存在不少问题。本章拟对隐匿身份侦查、诱惑侦查及控制下交付的法律规制问题进行研究。

第五章　2012年刑事诉讼法视野下几种秘密侦查措施的法律规制问题研究

## 第一节　隐匿身份侦查法律规制问题

2012年《刑事诉讼法》第151条第1款对隐匿身份侦查虽然只是进行了简单的授权性规定，但这毕竟是我国首次在刑事诉讼法中对其予以规范，标志着这一秘密侦查措施在立法层面实现了从"幕后到台前"的跨越，其重大意义不容否定。不过，由于立法的粗疏，对隐匿身份侦查的具体实施程序2012年《刑事诉讼法》并未作出明确的规范，不少学者对隐匿身份侦查过于原则的立法必然滋生实施过程中的无序和随意甚为担忧。确实，2012年《刑事诉讼法》对隐匿身份侦查的原则性规定远称不上严密，还存在诸多缺陷，为此有必要加以进一步修改和完善。

### 一、隐匿身份侦查的概念

隐匿身份侦查在世界各国的运用较为普遍，我国侦查实践中也经常用到。但在刑事诉讼法上，隐匿身份侦查还是一个新的范畴。如何准确地理解这一范畴是我们深入进行理论探讨的前提与基础。在美国，"Undercover Agent"和"Undercover Activity"都有"隐匿身份侦查"之意。"Undercover Agent"是指对犯罪嫌疑人隐瞒真实身份进行犯罪证据收集的警察人员，这一概念强调的是隐瞒真实的警察身份而开展案件侦查活动。[①]"Undercover Activity"是指侦查人员使用假名或者虚

---

① Black's Law Dictionary, West Group, 1999. 65.

假身份从事的各种侦查活动,其中假名就是虚假身份的表现形式之一,这一概念强调的核心内容是隐瞒了警察的真实身份。① 笔者认为,要正确界定隐匿身份侦查的概念,关键在于正确把握"隐匿"和"身份"的内涵。所谓"隐匿",是指隐藏或隐瞒的意思;所谓"身份",主要是指自然人或者单位在社会上或者法律上的出身、地位及资格。② 明确了"隐匿"和"身份"的内涵,可将隐匿身份侦查界定为:为了查明案情,侦查人员或侦查机关控制下的相关人员通过隐瞒其社会上或法律上真实的出身、地位及资格的方法或者通过开设虚假商业实体的方法,以获取案件线索、搜集犯罪证据的一种秘密侦查活动。

隐匿身份侦查是一个集合概念,代表了各种各样的乔装侦查手段,主要包括卧底侦查、特情侦查、诱惑侦查等。另外,也有学者认为,隐匿身份侦查还应包括秘密调查询问、跟踪盯梢、守候监视、秘密辨认等侦查行为。③

## 二、2012年《刑事诉讼法》规制隐匿身份侦查存在的问题

### (一)混淆了隐匿身份侦查的概念

2012年《刑事诉讼法》将隐匿身份侦查规定在第二编第

---

① 程雷:《秘密侦查比较研究——以美、德、荷、英四国为样本的分析》,中国人民公安大学出版社2008年版,第31~32页。
② 杨立新:《人身权法总论》(修订版),人民法院出版社2002年版,第39页。
③ 邓立军:《突破与局限——新刑事诉讼法视野下的秘密侦查》,中国政法大学出版社2015年版,第133~134页。

二章第八节中，将其归于技术侦查一类中。那么，是否隐匿身份侦查就属于技术侦查措施的表现形态之一呢？从侦查实践来看，隐匿身份侦查时也会用到技术侦查手段，就是说，隐匿身份侦查与技术侦查措施在某些时候、某些领域会存在交集。但严格说来，隐匿身份侦查与技术侦查仍属于不同范畴，两者之间的区别是很明显的。首先，隐匿身份侦查主要依靠人力通过隐匿身份的方式来进行侦查，虽然也可能用到技术手段进行辅助，但与技术侦查不同，隐匿身份侦查过程中不会广泛使用计算机技术、网络技术、通信技术等多种现代科技手段，因而并不具有明显技术性特征；其次，隐匿身份侦查需要与犯罪人员直接或者近距离接触，甚至需要打入犯罪组织内部以搜集证据，技术侦查措施则通过采用电子侦听、电话监听、电子监控等高科技手段搜集证据，通常不会直接介入犯罪活动；再次，进行隐匿身份侦查的既有侦查人员也有受侦查机关委托的相关人员，而进行技术侦查的一般只能是侦查人员。因此，2012年《刑事诉讼法》将隐匿身份侦查归于技术侦查措施下，在本质上混淆了两类不同范畴，并造成逻辑混乱，显然不太恰当。

（二）缺乏对隐匿身份侦查的限制规定

从2012年《刑事诉讼法》的规定来看，对隐匿身份侦查的法律规制主要体现在以下几个方面：一是实施隐匿身份侦查须经公安机关负责人审批；二是隐匿身份侦查的使用原则是不得诱使他人犯罪，不得采用可能危害公共安全或者发生重大人身危险的方法。不过，2012年《刑事诉讼法》这样的规定是否可以达到规制隐匿身份侦查的目的呢？显然不行。

因为2012年《刑事诉讼法》虽实现了对隐匿身份侦查的合法化，但在强化对隐匿身份侦查的监督与制约方面的力度十分有限。这表现为对隐匿侦查的监督上仍采用"经公安机关负责人决定"这种被实践反复证明效果甚微的内部监督机制，是无法及时发现及防范滥用隐匿身份侦查现象发生的。另外，2012年《刑事诉讼法》虽规定适用隐匿身份侦查应遵循"不得诱使他人犯罪"以及"不得采用可能危害公共安全或者发生重大人身危险的方法"两项禁止性规范，但在缺少全面制度建构的情况下，这样简单的规定显然无法达到遏制隐匿身份侦查负效应之目的。

（三）缺乏对隐匿身份侦查所获材料证据能力的明确判断标准

2012年《刑事诉讼法》第152条明确了秘密侦查所获材料可以在刑事诉讼中作为证据使用。作为秘密侦查的一种表现形态，隐匿身份侦查所获材料也获得了相应的证据能力，但问题也随之而来。在隐匿身份侦查过程中，为了达到取证之目的，侦查人员不仅会隐匿身份，还可能会采取强化他人犯罪意图或诱使他人犯罪的手段。这样一来，就会与2012年《刑事诉讼法》第50条"侦查人员必须依照法定程序，收集能够证实犯罪嫌疑人、被告人有罪或者无罪、犯罪情节轻重的各种证据。严禁刑讯逼供和以威胁、引诱、欺骗以及其他非法方法收集证据，不得强迫任何人证实自己有罪"的规定相违背，由此获得的证据将不具有证据能力，依法是应当予以排除的。但司法实践中如何判断隐匿身份侦查所获材料的证据能力呢？由于2012年《刑事诉讼法》缺乏隐匿身份侦查的程序规范,对非法的隐匿身份侦查的规定十分粗疏,这导致司法实践中对隐匿身份侦查所获材料的证据能力的研判缺乏标准与依据,伴随而来的随意性、混乱性将不可避免。①

(四)检察机关能否行使隐匿身份侦查权规定不明确

从2012年《刑事诉讼法》第151条的规定来看,并未授权检察机关在查办自侦案件时可以使用隐匿身份侦查这一秘密侦查手段。在实践中,检察机关在办理反贪、反渎等自侦案件时尝试使用隐匿身份侦查的现象较为普遍。有学者认为,2012年《刑事诉讼法》对实践中的做法没有明确肯定,反而排除了检察机关使用隐匿身份侦查的可能性,因此自侦案件中使用隐匿身份侦查仍不合法,所获材料也不能作为证据使用。尽管如此,新修订的《人民检察院刑事诉讼规则(试行)》第191条却规定:"人民检察院对于直接受理案件的侦查,可以适用刑事诉讼法第二编第二章规定的各项侦查措施。"最高人民检察院的这一司法解释规定实际上是对包括隐匿身份侦查权在内的秘密侦查权的自我授权。当然,这一自我授权的合法性有待商榷。不过,随着国家监察体制改革的深入推进,检察机关不再行使对职务犯罪的侦查权是明显的趋势。因此,过于纠结检察机关对隐匿身份侦查的自我授权是否合法也不是十分必要的。

### 三、隐匿身份侦查法律规制措施的完善

从上述分析可知,2012年《刑事诉讼法》对隐匿身份侦

---

① 邓立军:《突破与局限——新刑事诉讼法视野下的秘密侦查》,中国政法大学出版社2015年版,第146页。

查的规定还存在不少缺陷,法律条文与侦查实践存在脱节,容易造成隐匿身份侦查的失控,应从以下几个方面完善对隐匿身份侦查的法律规制:

(一) 准确定义隐匿身份侦查

隐匿身份侦查与技术侦查虽同属于秘密侦查措施,但存在本质上的差异,不应当将其归于技术侦查一类中。以技术侦查涵盖隐匿身份侦查不仅仅是立法技术落后的问题,而是立法缺失、涵摄错误的问题,造成概念的混淆,逻辑的混乱,从而导致使用上的不规范。因此,应对隐匿身份侦查与技术侦查予以明确区分,准确定义隐匿身份侦查。笔者认为,应当将《刑事诉讼法》第二编第二章第八节之节标题改为秘密侦查措施,使技术侦查与隐匿身份侦查并列归入秘密侦查措施麾下,并从适用的案件范围与对象、申请与审批程序、适用期限、侦查对象合法权利的保障、所获材料的证据能力及证明力的评判等方面对其加以规范,使隐匿身份侦查的使用符合程序法定原则。

(二) 区分不同情况予以分类规制

从内容上看,2012年《刑事诉讼法》第151条第1款对隐匿身份侦查的规定集中在侦查人员或其他人员可以隐匿其身份实施侦查方面,对其他方面少有涉及。但实践中,基于身份隐匿而实施的侦查行为很多,如特情侦查、卧底侦查、诱惑侦查中均需要隐匿身份,因此2012年《刑事诉讼法》第151条第1款的规定实际上涵盖了大部分的秘密侦查行为。但是,是否有必要对所有基于身份隐匿而实施的侦查行为都进行严格的法律规制呢? 显然是不必要的。对于一些侵害性较低,危险性不大的隐匿身份侦查措施,如规制过严,程序规定过于繁琐,则限制了侦查机关的自由裁量权,不利于提高侦查效率。比如,为了捣毁赌场,警察化装成赌客进入赌场后发出行动暗号,蹲守的民警迅速出击,抓获一批赌徒,成功捣毁赌窝。对于这种为了不惊动犯罪嫌疑人而贴近侦查以搜集证据的隐匿身份侦查行为,完全可以交由侦查机关自由裁量。只有对于那种需要借助"特殊身份"进行隐匿身份侦查的,则需要予以严格的法律规制。如化装成购买毒品的毒犯与贩卖毒品的毒犯进行交易,或者是卧底进入黑帮内部等,这类化装身份的人员可能要参与犯罪过程,其身份的获取及使用也可能违反现行法律规定,故必须予以严格法律规制。

(三) 制定明确的限制性规定

从前面的分析可知,刑事诉讼对隐匿身份侦查的规制应重点针对借助"特殊身份"实施隐匿身份侦查的行为。2012年《刑事诉讼法》第151条第1款规定,隐匿身份侦查"不得诱使他人犯罪,不得采用可能危害公共安全或者发生重大人身危险的方法"。然而,2012年《刑事诉讼法》并没有规定相应的程序规范,侦查实践中容易造成对隐匿身份侦查的滥用。对此,应当结合隐匿身份侦查的特点予以调整。

1. 限定适用的案件范围

隐匿身份侦查和技术侦查均属于秘密侦查措施。技术侦查侧重于各种专门技术手段的使用,一般不与侦查对象直接接触;而隐匿身份侦查则往往通过隐匿真实身份直接介入犯罪活动之中,甚至会影响到犯罪进程,与技术侦查相比较,隐匿身份侦查过程中存在的风险不相上下甚至更大。对于技术侦查，2012年《刑事诉讼法》第148条限定了其适用的案件范围，体现了重罪原则，即技术侦查只能适用于严重的刑事犯罪。那么，对于风险性相当甚至更大的隐匿身份侦查，严格限制其使用的范围是符合逻辑的。从国外的立法看，隐匿身份侦查适用案件范围普遍较为狭窄。以德国为例，其立法规定隐匿身份只能适用于毒品犯罪、武器交易犯罪、危害国家安全犯罪、伪造货币或有价证券犯罪、常业性或者职业性犯罪、有组织犯罪等。笔者认为，对于隐匿身份侦查的法律规制，未来立法应以特殊身份的法律规制为重点，将隐匿身份侦查的适用范围限定在危害国家安全犯罪、恐怖活动犯罪、有组织犯罪和打击毒品、枪支等违禁物品的走私、贩卖、运输、制造等犯罪活动。

2. 设置严格的审批程序

根据2012年《刑事诉讼法》第151条第1款之规定，实施隐匿身份侦查应经公安机关负责人决定。而《公安机关办理刑事案件程序规定》进一步规定，隐匿身份侦查的实施应经县级以上公安机关负责人决定。显然，与技术侦查一样，我国对隐匿身份侦查也采取侦查机关内部的自行审批程序。如前所述，内部审批程序在控制侦查措施滥用方面是难有作为的。因此，对隐匿身份侦查的规制应引入外部监督机制。在其他法治国家，对隐匿身份侦查的监督一般实行司法审查。在理想状态下，我国对隐匿身份侦查的审批也应实行司法审查。但从我国国情出发，由法院来对隐匿身份侦查的实施进行司法审查暂时无法实现，可行的方案是赋予检察机关对隐匿身份侦查的事前审查权。其原因在于，作为国家法律监督机关，我国的检察机关享有宪法赋予的对侦查机关的法律监督权。另外，检察机关在刑事诉讼程序中处于承前启后的中间位置，相对于审判机关而言能更好地发挥监督制约作用。

（四）完善相关制度

1. 虚假身份的获得与使用。隐匿身份侦查的实施需要借助虚假身份，这种虚假身份有时可能是非常简单的。例如，侦查人员化装成菜贩、清洁工、修车匠等监视犯罪嫌疑人以收集证据时，只需在衣着等方面稍作装扮即可。然而，在许多情况下仅靠改变衣着无法达到伪装身份侦查的目的，这时就必须借助"物殊身份"来实施隐匿身份侦查。例如，为了扫荡黑帮，警方派出侦查人员打入黑帮内部，为了取得信任不被识破，就必须为卧底的侦查人员安排一个身份。侦查人员可借助这种身份正面接触犯罪嫌疑人，参与犯罪过程。但因这种身份的获取和使用2012年《刑事诉讼法》并未作出规定，可以说仍处于无法可依的状态，故必须尽快予以严格的法律规制。

2. 侦查人员作证义务的免除。2012年《刑事诉讼法》第60条第1款规定："凡是知道案件情况的人，都有作证的义务。"根据此规定，在隐匿身份侦查过程中知晓犯罪事实的侦查人员，同样有作证的义务。但是，采用隐匿身份侦查措施，特别是卧底侦查措施进行侦查的都是毒品犯罪、有组织犯罪等重大刑事案件，涉案人员大多穷凶极恶，报复心很强，侦查人员出庭作证将会对其人身甚至亲朋好友的人身造成重大风险。因此，从立法层面免除隐匿身份侦查人员的作证义务是十分必要的。

3. 隐匿身份侦查所获证据的使用规则。根据2012年《刑事诉讼法》第151条之规定，隐匿身份侦查所获取的材料在刑事诉讼中具有证据能力，可以作为证据使用。但如前所述，因2012年《刑事诉讼法》对非法的隐匿身份侦查的规定十分粗疏，导致司法实践中对隐匿身份侦查所获材料的证据能力的研判缺乏标准与依据。笔者认为，隐匿身份侦查的本质特征就是必要的引诱性和欺骗性，① 因此，在隐匿身份侦查中侦查人员进行引诱及欺骗在所难免，有时甚至还参与犯罪过程之中。虽然2012年《刑事诉讼法》第54条并未将"威胁、引诱、欺骗"等非法取证的方式进行列举，但并不意味着用"威胁、引诱、欺骗"等非法取证方法所获证据材料都具有证明力，对该类证据的使用应当严格进行审查。首先，对于引诱他人产生犯罪进而实施犯罪所获取证据，由于违反了刑事诉讼法的禁止性规定，对该类证据应当予以排除，不能作为定案依据。其次，以间接正犯的方式取得的证据排除。所谓间接正犯即侦查人员将被侦查对象作为实施犯罪的工具，被侦查对象在实体上本身并不构成犯罪。② 在隐匿身份侦查中，出于各种动机和目的，侦查人员很可能逾越法律底线，滥用侦查权，伪造犯罪活动，对此类证据在程序上也应当予以排除。

## 第二节 诱惑侦查法律规制问题

作为一种侵权性很严重的秘密侦查措施，诱惑侦查由于具有相对于传统"回应型"侦查措施更高的破案效率，最早

---

① 邓立军：《突破与局限——新刑事诉讼法视野下的秘密侦查》，中国政法大学出版社2015年版，第146页。
② 杜丹：《隐匿身份侦查的法律规制》，《福建法学》2015年第2期。

被运用于"无被害人犯罪"案件的侦查，而后更广泛运用于危害国家安全的犯罪、恐怖犯罪、有组织犯罪、走私犯罪、重大毒品犯罪等重大案件的侦查中，并且还有继续扩张的趋势。因诱惑侦查存在易侵权性等负面价值，其合法性与正当性一直以来备受争议。2012年《刑事诉讼法》虽然授予公安机关在犯罪侦查中使用诱惑侦查措施的权力，但并未对诱惑侦查的适用作出具体细致的规定。本节拟对此进行研究，同时对我国诱惑侦查制度的完善提出针对性意见。

## 一、诱惑侦查概述

### （一）诱惑侦查的概念

诱惑侦查在司法实践中的运用始于法国大革命以前，而在学术上开始研究则最早源于19世纪30年代的美国。[1] 20世纪90年代末期，诱惑侦查成为我国法学界的争议热点，但时至今日却仍无定论。

对于诱惑侦查的概念，学界有多种界定。一种观点认为诱惑侦查为非法的侦查方式，其行为本质是政府执法人员引诱或激励他人犯罪。[2] 与之相对，另一种观点则认为，不能仅从字面上就认定诱惑侦查具有违法性，其概念并不具有表征违法性的功能。例如，有学者认为，诱惑侦查仅指代合法的侦查方式，是指负有侦查职责的人员（包括警察和检察

---

[1] 翁里、万晓：《诱惑侦查规制问题研究》，《五邑大学学报（社会科学版）》第18卷第2期。

[2] 郭纬中：《论诱捕侦查与诱捕抗辩》，私立"中国文化大学"法律学研究所1999年硕士学位论文。

官）依据法定程序，由自己或者由其合法指定的其他协助人员，在发现犯罪嫌疑人具有实施某种犯罪的意图或者正在实施某种犯罪时，为获取证据或者抓获犯罪嫌疑人，合理、适当地向其提供实施犯罪的客观条件，使犯罪疑人在侦查人员的控制下完整或者显著地实施犯罪行为。① 上述两种观点是对诱惑侦查狭义上的定义。而采用广义定义的学者认为，诱惑侦查如仅指犯意引诱或机会提供均会失之片面，为了研究的体系性，诱惑侦查的外延应涵盖合法与违法两种。例如，龙宗智教授认为，诱惑侦查是警察设置圈套，以实施某种行为有利可图为诱饵，暗示或诱使侦查对象暴露其犯罪意图并实施犯罪行为。待犯罪行为实施时或犯罪结果发生后，拘捕被诱惑者。② 李明教授认为，诱惑侦查是指侦查人员及其代理人员采用某种方式或设置某种情境，诱发他人实施犯罪，以收集证据或抓捕犯罪嫌疑人的侦查手段。③ 在国外，也有学者采用此种定义方式。如日本学者田口守一认为，诱惑侦查是指侦查人员亲自或使用民间侦查合作者促使第三者犯罪，在第三者犯罪时将其逮捕或进行证据收集，并将诱惑侦查分为机会提供型、犯意诱发型两类。④

就以上两种定义方式，笔者倾向于广义的定义方式。原

---

① 曹坚：《在合理性和合法性之间：诱惑侦查的实践困惑与理论出路——评田业雄、郭新民贩卖毒品案》，何家弘：《证据学论坛》（第7卷），中国检察出版社2004年版，第461页。

② 龙宗智：《理论反对实践》，法律出版社2003年版，第186页。

③ 李明：《秘密侦查法律问题研究》，中国政法大学出版社2016年版，第163页。

④ ［日］田口守一：《刑事诉讼法》，刘迪、张凌、穆津译，法律出版社2000年版，第32页。

因在于，根据2012年《刑事诉讼法》第151条第1款之规定，为查明案情，在必要时，经过相关批准程序，可以由侦查人员隐匿身份实施侦查，但不得引诱他人实施犯罪。从这一规定可知，立法对包括诱惑侦查在内的隐匿身份侦查进行了肯定，但又将犯意诱发型的诱惑侦查排除在外。作为一种被立法确定的侦查行为，机会提供型诱惑侦查在一定程度上获得了合法地位，但单纯的诱惑侦查合法论观点也有失偏颇。仅从立法本意而言，显然也是采纳了诱惑侦查广义化的观点的。另外，将犯意诱发型秘密侦查排除在诱惑侦查定义的处延外，将无法对违法诱惑侦查进行有效的研究与制裁。综上，笔者认为应将诱惑侦查定义为侦查人员及其代理人员通过设置某种情境或者提供某种机会，以暗示或引诱侦查对象暴露犯罪意图并实施犯罪行为，从而收集证据侦破案件或抓捕犯罪嫌疑人的一种秘密侦查手段。

（二）诱惑侦查的特征

诱惑侦查是秘密侦查的一个种类，它因与卧底侦查、控件下交付等其他秘密侦查措施具有较大的共性而常常难以区分，因此，在明确诱惑侦查概念的同时，有必要了解其特征，这是准确区分诱惑侦查与其他秘密侦查行为的关键。

按照本书对诱惑侦查的界定，其主要特征应当是：1. 主动性，是指诱惑侦查行为在新案件发生前就已介入，意图在犯罪发生之时将被引诱的对象抓获。相对于"回应型"侦查，诱惑侦查的这一特点是很明显的，"回应型"侦查是在犯罪发生之后才进行的常规侦查活动，而诱惑侦查则总是在新案件发生之前就已开始实施，属于典型的主动侦查。2. 诱导性,是指利用方便犯罪的各种利益(包括物质上的和精神上的利益),引诱、怂恿犯罪嫌疑人提前实施犯罪。诱导性可谓诱惑侦查的核心特点,缺少这一特点的侦查行为就难称之为诱惑侦查。不过,这也是诱惑侦查最受争议之处,因为利用此种方法促使犯罪发生,背离了侦查机关打击犯罪、预防犯罪的职能。

(三)诱惑侦查的类型

对于诱惑侦查,不同的学者有不同的分类方法,但最为典型的分类方式是将其分为"犯意诱发型诱惑侦查"和"机会提供型诱惑侦查"。

1. 犯意诱发型诱惑侦查

犯意诱发型诱惑侦查,是指通过侦查人员实施诱惑行为使得原本无犯罪倾向的引诱对象产生犯罪意图,并促使其实施犯罪。例如,某甲在侦查人员的授意下,以购买毒品吸食为由唆使其相熟的出租车司机某乙为其代购毒品,并许以报酬,某乙为之心动,某日一乘客以一小包毒品抵扣乘车费用,某乙遂将毒品卖给某甲,在交易过程中被公安机关当场抓获。在此案例中,某乙本无贩卖毒品之犯意,只是由于某甲的引诱唆使,才使其产生犯意并实施了犯罪行为,某甲的教唆行为对犯罪的发生起了主要作用,是某乙产生犯罪意图的关键性因素。正因为犯意诱发型的诱惑侦查容易制造犯罪,严重侵犯公民的合法权益,与法律的公正性、平等性相悖,故为法律所禁止。

2. "机会提供型"诱惑侦查

机会提供型诱惑侦查,是指在被诱惑者已有犯罪意图或倾向的情况下，侦查人员通过提供有利于实施犯罪的客观条件或机会，使其犯罪主观意图及倾向暴露出来，进而实施具体的犯罪行为。在机会提供型诱惑侦查中，诱惑对象始终居于主动地位，侦查人员则处于被动地位，顺应诱惑对象并协助其完成犯罪行为。例如，某地发生连环强奸案，犯罪地点为几个僻静地区，公安机关为抓捕嫌犯，由女干警装扮成妙龄女子行走在这几个地方，在嫌犯再次试图实施强奸行为时将其当场抓获。在此情形下，犯罪嫌疑人本身就是惯犯、累犯，犯罪意图明显，侦查人员只是按照其犯罪目的提供相应条件，目的在于顺利获取犯罪证据以迅速破案。

**二、我国诱惑侦查制度存在的问题**

（一）诱惑侦查的国内现状

在很长一段时间内，我国法律对诱惑侦查的规定付之阙如。但在司法实践中，诱惑侦查常被用于侦破危害国家安全犯罪、毒品犯罪等隐蔽性极高的案件，并在侦破此类案件中表现出明显的优势。然而，由于法律规制的严重缺位，诱惑侦查运用随意，侵犯合法权益现象普遍，故一直广受学者及普通民众的诟病。2012年《刑事诉讼法》在第151条对诱惑侦查（该条还规定了其他秘密侦查措施）作出了规定，使其获得了合法地位。这是我国在法律层面目前对诱惑侦查作出的最为明确的规定，体出了我国法治的进步以及对人权保护的日益重视。但是，2012年《刑事诉讼法》对诱惑侦查的规定仍存在明显的局限性，没有对诱惑侦查适用范围、适用对象以及违法诱惑侦查的法律后果、救济程序等作出详尽系统的规定。

(二) 诱惑侦查制度存在的问题

1. 诱惑侦查合法性标准有待进一步明确

2012 年《刑事诉讼法》承认了机会提供型诱惑侦查的合法地位，但对犯意诱发型侦查措施持明确否定态度。因此，侦查人员采取诱惑侦查措施时首先应当明确被诱惑者是否具有犯罪意图，不能针对本无犯意的人实施诱惑侦查，否则就属于违法滥用侦查权的行为。但是，我国刑事诉讼法对于诱惑侦查的合法性标准的规定极其简单，有待进一步明确。从各国来看，当前适用的合法性标准主要有：其一，主观标准，指诱惑侦查合法与否以被诱惑对象主观上是否具有犯罪倾向为标准，如其本身具有犯罪倾向而受到诱惑实施犯罪行为，则这种诱惑合法。其二，客观标准，即诱惑侦查是否合法以其是否会导致一个假定普通的无罪之人实施某项犯罪为标准，如能导致假定普通人实施犯罪则该诱惑行为不合法，反之则合法。其三，正当程序标准，是指判断侦查人员实施诱惑侦查是否具有合法性在于其是否严格遵守了诱惑侦查的法定条件、标准以及程序。其四，混合标准，是指融合上述主观标准、客观标准或正当程序标准的要求，对诱惑侦查行为的正当性进行综合判断。[①] 根据 2012 年《刑事诉讼法》第 151 条的规定，实施诱惑侦查时不得诱使他人犯罪，这是一个比较模糊的标准。为此，公安部颁布的《公安机关办理刑事案件程序规定》第 262 条进一步规定实施诱惑侦查时"不得使用促使他人产生犯罪意图的方法诱使他人犯罪"。显然，公安

---

① 李明：《秘密侦查法律问题研究》，中国政法大学出版社 2016 年版，第 167~177 页。

部的规定较之 2012 年《刑事诉讼法》要详细些。但尽管如此，无论是 2012 年《刑事诉讼法》还是《公安机关办理刑事案件程序规定》，对诱惑侦查的规定均过于简单，与前述各标准的规定相差太远，应进一步细化。

2. 诱惑侦查适用范围不明确

区别于"回应型"的常规侦查手段，诱惑侦查作为一种特殊的主动侦查措施，其实施必须限定在一定范围内，否则容易导致诱惑侦查的无序运用，从而造成恶劣影响。从 2012 年《刑事诉讼法》对诱惑侦查的规定来看，立法对于诱惑侦查适用的案件范围并未涉及，这将导致诱惑侦查在执行的过程存在两种极端倾向：一方面是对诱惑侦查范围的无限扩展，导致诱惑侦查措施的不当使用，不但侵犯了合法权益，也恶化了社会风气。另一方面因过于谨慎而禁止采用诱惑侦查措施，使得案情推进缓慢，甚至错失破案机会。

3. 诱惑侦查的启动程序不规范

诱惑侦查的法治化要求做到对诱惑侦查实施条件的明确化。根据 2012 年《刑事诉讼法》第 151 条之规定，诱惑侦查的启动条件是"为了查明案情，在必要的时候"，且应"经公安机关负责人决定"。这一启动程序标准十分模糊，且由侦查机关自主决定，容易导致实践中诱惑侦查启动的无端、随意，侵犯公民的合法权益。

4. 诱惑侦查的监督程序和救济机制缺失

诱惑侦查的监督程序缺失主要是指其审查批准程序不完善。作为一种秘密侦查措施，诱惑侦查整个过程都处于封闭状态，程序完全内部化，其他机关很难了解侦查过程的动态，也无从进行监督。即使是在侦查系统内部，因为涉及的往往是危险性高、隐秘性高的案件,所以了解侦查过程的也局限于少数人。而对于被诱惑者而言,其对诱惑侦查过程根本不知情,故也难以对诱惑侦查的合法性提出质疑。总之,诱惑侦查过于依赖侦查机关的自我监督,而古今中外的侦查实践已充分证明,这种内部的监督无法保证其公正性。

由于没有考虑被诱惑者的权利保障问题,我国刑事诉讼法对于违法的诱惑侦查行为并未规定救济机制。这导致被诱惑者在权利受到侵犯时无法请求救济。这也是我国诱惑侦查制度的一大缺陷。

### 三、诱惑侦查法律规制措施的完善

诱惑侦查作为一种特殊的侦查手段,在打击毒品犯罪、走私及拐卖人口犯罪等方面发挥了不可替代的作用,但诱惑侦查的使用本身也极具风险性,一旦运用不当就会造成对公民权利的严重侵犯。2012年《刑事诉讼法》对诱惑侦查的规定虽使其摆脱了无法可依的尴尬状态,但因立法较为粗疏,缺乏对诱惑侦查的系统规定,故尚不足以将其纳入法治化的轨道。因此,应当进一步加强对诱惑侦查的法律规制。笔者认为,目前完善对诱惑侦查的法律规制应从以下几个方面着手:

1. 明确规定诱惑侦查的适用条件

2012年《刑事诉讼法》对诱惑侦查适用条件缺乏明确细致的规定,容易导致司法实践中诱惑侦查的滥用。笔者认为,有必要对实施诱惑侦查的条件予以明确化,这是实现诱惑侦查法治化的基本要求。首先,就诱惑侦查的实施主体而言,诱惑侦查的主体只能是侦查机关,而非侦查人员。在行使具体的诱惑侦查权的过程中,居于主导地位的也应是侦查机关。

其次，就诱惑侦查的适用案件范围而言，由于诱惑侦查具有一定的负面效应，司法实践中应严格控制其适用范围。按照2012年《刑事诉讼法》第151条第1款之规定，"为了查明案情，在必要的时候"即可实施诱惑侦查，这样的规定太过宽泛。从世界各国来看，诱惑侦查一般被用于侦破毒品买卖、武器走私、伪造货币、有组织犯罪等案件。从我国实际情况出发，笔者认为，应将诱惑侦查的适用案件范围限定为：第一，这类案件具有严重社会危害性，且依靠传统回应型侦查手段难以侦破。第二，适用诱惑侦查手段负面影响小。再次，就诱惑侦查的适用对象而言，也应该对其作出严格的限制，因为如果随意将某个公民作为诱惑侦查的适用对象将面临很大风险，以致人人自危。美国《关于秘密侦查的基准》中对侦查对象即作出了严格的限制：（a）根据已经获得的情报，足以怀疑对象具有正在实施或即将、可能实施同类违法行为的可能性及表象时；（b）有关违法行为的机会的构成，包括有足够的理由相信被诱惑乃至被直接鼓励的对象，具有实施计划性违法行为的倾向。[①] 为防止侦查机关滥用诱惑侦查，保护公民合法权益免受侵害，应明确规定诱惑侦查的适用对象只能是有证据怀疑其就是犯罪嫌疑人的或者有明显犯罪倾向的人。

2. 完善诱惑侦查的审批及监督程序

诱惑侦查在提高侦查效率的同时，也可能侵犯隐私，妨碍个人自由，甚至诱人入罪，故对之设置严格程序予以规制

---

[①] 马跃：《美、日有关诱惑侦查的法理及论争概观》，《法学》1998年第11期。

十分必要。就审批程序而言，根据2012年《刑事诉讼法》的规定，经公安机关负责人决定，就可以实施诱惑侦查。这一规定过于简单。作为一种侵权性极严重的秘密侦查手段，对其批准适用应参照法治国家的做法遵循令状原则。当然，根据我国国情在较长时期可能仍不能做到由第三方颁发令状，较为实际的做法是规定实施诱惑侦查应由县级以上公安机关负责人批准。同时，强化对诱惑侦查的监督，对于诱惑侦查的批准决定应报同级检察机关备案，检察机关可以及时介入案件进行监督。

3. 明确规定排除违法诱惑侦查取得的证据

2012年《刑事诉讼法》中规定了非法证据排除规则，但立法的重心仍停留在刑讯逼供所取得的非法证据排除的层面，对于诱惑侦查获得证据是否属于非法证据，是否应予排除，则未作出明确规定。而在现行的法律体制及司法体制下，对于法律未明确规定排除的通过非法诱惑侦查获得的证据事实上将很难被排除。为从源头遏制非法诱惑侦查现象，应明确规定违法诱惑侦查获得的证据，属于非法证据予以排除。

## 第三节 控制下交付法律规制问题

控制下交付作为对付毒品犯罪、跨国有组织犯罪和腐败犯罪的一种秘密侦查措施，已为联合国《禁止非法贩运麻醉药品和精神药物公约》《打击跨国有组织犯罪公约》及《反腐公约》这三个国际公约所确认，并在我国毒品犯罪等案件的侦查实践中显示出了巨大的价值。2012年《刑事诉讼法》

首次对控制下交付作出了规定，赋予其程序法上的合法地位，但立法极为简略，存在诸多问题，为此应予以完善。

## 一、控制下交付的基础理论

### （一）控制下交付的概念

"控制下交付"是源自国际公约的一个概念，是我国学者对英文词组"controlled delivery"的习惯译法。不同的国家和地区对此有不同的译法，如我国台湾地区将其翻译为"监视下运送转移"，日本则翻译为"监控下移动"或"跟踪监控"，澳大利亚翻译为"监控行动"。作为一项特殊的侦查手段，控制下交付的定义最早见于1988年《联合国禁止非法贩运麻醉药品和精神药物公约》，该公约将控制下交付定义为"一种技术，即在一国或多国的主管当局知情或监督下，允许货物中非法或可疑的麻醉药品、精神药物、本公约表一和表二所列物质或它们的替代物质运出、通过或运入其领土，以期查明涉及按本公约第3条第1款确定的犯罪的人"。随后，2000年《联合国打击跨国有组织犯罪公约》也对控制下交付进行了定义，该公约第2条第i项规定："'控制下交付'系指在主管当局知情并由其进行监测的情况下允许非法或可疑货物运出、通过或运入一国或多国领土的一种做法，其目的在于侦查某项犯罪并辨认参与该项犯罪的人员。"2003年《联合国反腐败公约》第2条第9项作出了相似的界定。三者的不同点在于：后两部公约中，控制下交付的不再局限于麻醉药品和精神药物，而是扩展到非法贩运、交易武器、珍稀动植物物品、伪币以及其他走私物品违禁品。

从学理的角度，控制下交付可以被界定为侦查机关发现非法物品后允许其继续流转,同时对该物品进行秘密监控,以期将幕后主使或整个犯罪组织一网打尽的一种侦查手段。这种侦查手段与侦查实践中的"放长线、钓大鱼"的侦查策略非常相似,但作为一项专门的侦查手段出现主要还是适应了毒品犯罪、有组织犯罪等新兴犯罪形态的抗制实践。[①]

(二) 控制下交付的分类

根据不同的标准,控制下交付可以分成不同的类型,主要有:

1. 按照控制下交付侦查措施实施地点的不同,可分为国内控制下交付与涉外控制下交付

国内控制下交付是指控制下交付仅仅在本国领土内实施,不涉及其他国家主权及司法管辖权问题的侦查行为。涉外控制下交付是指违禁品的流转跨越不同的国家,并由多个国家的侦查机关联合实施监控的侦查行为。涉外控制下交付需要由多个国家(或地区)以国际条约或合约的形式予以规范,而上述三个公约重点规定的就是控制下交付在国家与国家之间的合作使用,但同时也规定了在一国内也可以使用。例如,《联合国打击跨国有组织犯罪公约》第 20 条第 1 款规定,各缔约国均应在其本国法律基本原则许可的情况下,视可能并根据本国法律所规定的条件采取必要措施,允许其主管当局在其境内适当使用控制下交付,并在其认为适当的情况下使用其他特殊侦查手段,如电子或其他形式的监视和特工行动,以有效打击有组织犯罪。

---

[①] 程雷:《秘密侦查比较研究——以美、德、荷、英四国为样本的分析》,中国人民公安大学出版社 2008 年版,第 539 页。

2. 按照控制下交付侦查措施涉及物品运送方式的不同，可分为人货同行控制下交付和人货分离控制下交付

所谓人货同行控制下交付，是指侦查机关针对犯罪嫌疑人本人或其雇佣的人员直接携带违禁品或财物运输到目的地的犯罪活动而采取的控制下交付。所谓人货分离控制下交付是指侦查机关针对运输人与违禁品或财物并不一起同行，而是单独让违禁品或财物通过邮寄、快递公司、航空铁路托运、货物进口等方式到达目的地的犯罪活动而采取的控制下交付。在人货同行的控制下交付场合，监控的重点对象是涉案物品的持有人或者运送人；在人货分离的控制下交付场合，监控的重点是涉案物品的流转。

3. 依据涉案物品是否被调换，可以分为原物控制下交付与替代物控制下交付

原物控制下交付，也称"原装移动"控制下交付或有害的控制下交付，是指侦查机关在发现违禁品后，由于不宜或者不能对违禁品进行替换，而继续保持监控物品原来的状态实施的控制下交付。替代物控制下交付，也称无害的控制下交付，是指侦查机关在发现有关违禁品后，将其秘密取出或用其他无害物品进行替换而后实施的控制下交付。在侦查实践中，替代物控制下交付可以有效地降低监控物品失控的风险，减少损害，但更考验侦查机关的整体控制能力。而原物控制下交付则有利于迷惑犯罪嫌疑人，具有真实性，更考验侦查机关的现场控制能力。[1]

---

[1] 闫万鸿：《新刑诉法视野下控制下交付侦查措施的实施》，《湖北警官学院学报》2014年第6期。

## 二、我国控制下交付的法律规制现状

控制下交付的发展有其独特历程,是随着国际社会打击跨国毒品以及其他违禁品犯罪的斗争中产生和发展起来的,因此,控制下交付不但受到国内法规制,也要受到国际法的规制。

### (一) 国内法

2012年《刑事诉讼法》第151条第2款规定:"对涉及给付毒品等违禁品或者财物的犯罪活动,公安机关根据侦查犯罪的需要,可以依照规定实施控制下交付。"这是我国首次在刑事程序法中确认了控制下交付进行的合法性,弥补了法律空白点,为我国侦查实践中使用控制下交付手段提供了最有力的法律依据。为了进一步规范控制下交付,公安部根据2012年《刑事诉讼法》修订了《公安机关办理刑事案件程序规定》,其第263条规定:"对涉及给付毒品等违禁品或者财物的犯罪活动,为查明参与该项犯罪的人员和犯罪事实,根据侦查需要,经县级以上公安机关负责人决定,可以实施控制下交付。"第264条规定:"公安机关依照本节规定实施隐匿身份侦查和控制下交付收集的材料在刑事诉讼中可以作为证据使用。使用隐匿身份侦查和控制下交付收集的材料作为证据时,可能危及隐匿身份人员的人身安全,或者可能产生其他严重后果的,应当采取不暴露有关人员身份等保护措施。"

除此之外,公安部早在1997年发布实施的《关于禁毒案件侦查协作有关问题的通知》以及公安部禁毒局发布的《毒品案件侦查协作规定》《公安机关禁毒业务工作规范》《关于毒品案件侦查协作有关问题》《公安机关禁毒民警执勤行为规范（试行）》等部门规章和文件，都对控制下交付作出了规定。特别是《毒品案件侦查协作规定》对控制下交付的立案、报批备案以及如何组织实施作了比较详细的规定。①

（二）国际法

如前所述，《联合国禁止非法贩运麻醉药品和精神药物公约》《联合国打击跨国有组织犯罪公约》及《联合国反腐公约》这三个公约都对控制下交付进行了界定，而这三个公约我国均已加入。此外，近年来我国与不少国家在禁毒、反腐、反走私等领域签订的双边、多边及区域性协议与协定中，也含有有关采用控制下交付手段的内容。例如，在《中华人民共和国政府和俄罗斯联邦政府海关合作与互助协定》《中华人民共和国政府和哈萨克斯坦共和国政府海关合作与互助协定》中都明确规定："如双方同意采取控制下交付以查缉涉嫌参与上述麻醉品和精神药物非法贩运的人，则双方海关当局应依照各自的国内法律并在其权限和能力范围内尽可能就此方面行动的实施进行合作。"②

### 三、我国控制下交付法律规制存在的缺陷与不足

2012年《刑事诉讼法》对控制下交付的明确规定，标志着我国对控制下交付的立法突破了长期以来的观念桎梏，彰

---

① 李明：《秘密侦查法律问题研究》，中国政法大学出版社2016年版，第328页。
② 李明：《秘密侦查法律问题研究》，中国政法大学出版社2016年版，第328页。

显了我国对国际法的尊崇以及对国际法义务的切实履行，其积极意义值得充分肯定。另外，公安机关的规范性文件对规制控制下交付也起到十分重要的补充作用。但是，从另一方面来看，由于制度设计上的粗疏，对控制下交付的法律规制依然存在不少的缺陷与不足，这可能影响到具体执法实践中控制下交付的实施成效，从而弱化了打击犯罪的效果，故应当予以重视。

首先，从2012年《刑事诉讼法》对控制下交付的规定来看，至少存在以下几个方面的缺陷：其一，根据2012年《刑事诉讼法》之规定，控制下交付的实施对象为"毒品等违禁品或者财物"，但违禁品和财物之间并没有截然的界线。例如，一般来说，枪支弹药属于违禁品，但对于军用企业来说，枪支弹药则是该企业的财物；有些物品如假币，既不是违禁品也不是财物。因此，2012年《刑事诉讼法》将两者并列列为控制下交付的适用对象在逻辑上是不妥当的；另外，将违禁品和财物列为控制下交付的适用对象也与三大国际公约所界定的"非法或可疑货物"相抵触。[1]其二，2012年《刑事诉讼法》规定控制下交付的实施条件为"根据侦查犯罪的需要"，这一规定缺乏明确的判断标准，侦查实践中只能依靠侦查机关单方面的主观判断，容易导致控制下交付的滥用。其三，2012年《刑事诉讼法》对于控制下交付的规定过于原则，缺少对相关申请及执行程序的明确规定。依据2012年《刑事诉讼法》第151条第2款规

---

[1] 邓立军：《突破与局限——新刑事诉讼法视野下的秘密侦查》，中国政法大学出版社2015年版，第194~196页。

定,公安机关可"依照规定"实施控制下交付,但由于目前我国在法律层面并没有对控制下交付的有关申请和执行程序作出明确规定,"依照规定"事实上根本就是无规定可循。显然,这一规定没有什么可操作性。

其次,就公安机关的内部规范而言,其不足之处更为明显。因为这些规范性文件属于公安机关的内部规定,效力层级低,难以真正制约控制下交付。另外,这些规范性文件主要由公安部禁毒局发布,只针对毒品犯罪案件,大大缩小了控制下交付的案件范围,容易使人误认为只有毒品犯罪案件才能实施控制下交付,不利于发挥控制下交付的价值。[①]

**四、我国控制下交付法律规制的完善**

如前所述,2012年《刑事诉讼法》首次确立了控制下交付在程序法上的合法性,适应了国际公约的发展,其重要意义自不待言。然而,2012年《刑事诉讼法》仅用一个法律条文对控制下交付进行简单的规定,缺乏可操作性,且本身又存在对控制下交付实施对象界定不准确、实施条件规定不明、缺乏具体的申请和审批程序等缺陷,必须进一步修改与完善。具体包括以下几个方面:

(一)控制下交付的适用对象

控制下交付是伴随毒品犯罪在世界范围内的激增而逐步兴起的,其主要适用对象为毒品,但并不局限于此。从三大国际公约的规定来看,控制下交付的适用对象已从毒品扩展

---

[①] 钟小燕:《控制下交付的程序规则研究》,广东财经大学2015年硕士生论文。

至非法或可疑货物，适用案件范围也从毒品案件扩展至有组织犯罪和腐败犯罪等案件。2012年《刑事诉讼法》将控制下交付的适用对象规定为"毒品等违禁品或者财物"，没有将控制下交付的适用范围局限在毒品案件，符合在更大范围内发挥控制下交付打击犯罪的作用之国际潮流，值得充分肯定。但正如前述，2012年《刑事诉讼法》将控制下交付的适用对象界定为"毒品等违禁品或者财物"并不是很准确，一方面与国际公约的规定相抵触，另一方面其自身内部也存在一定的矛盾与冲突。为解决此问题，宜尽快以国际公约为标准，将控制下交付的适用对象修改为"非法或可疑的货物"。这样做的好处是：一是能够解决2012年《刑事诉讼法》与国际公约不契合的问题，更好地履行国际义务；二是能够有效解决违禁品与财物这两个概念外延方面存在的矛盾与冲突；三是有利于扩大控制下交付打击犯罪的种类及范围；四是有利于提升控制下交付国际层面合作的广度与深度。[①] 另外，在把握"非法或可疑货物"的范围上，法律应当明确其概念。从刑法角度而言，应是为国家刑法所禁止私自运输的物品，一般包括毒品、非法资金、枪支弹药、珍贵文物、珍稀动植物及其制品，等等。

（二）控制下交付的启动条件

从世界各国或地区的立法来看，普遍对控制下交付的启动条件进行了立法控制。综合各国及地区的法律规定，可以发现一个成功的控制下交付至少要具备六个条件：法律容许、

---

[①] 邓立军：《突破与局限——新刑事诉讼法视野下的秘密侦查》，中国政法大学出版社2015年版，第208页。

熟悉案情、协商一致、有效监控、确保追诉、主权至上。①反观我国2012年《刑事诉讼法》的规定,该法将控制下交付的启动条件规定为"根据侦查犯罪的需要",缺乏明确的判断标准,可操作性较差。因此,需要对之进行细化。笔者认为,由于控制下交付往往涉及外国因素,启动时需要考虑的环节和方面很多,要尽量减少主观随意性。当侦查机关发现非法或可疑货物时,决定启动控制下交付,起码应当满足以下两个条件:其一,有实施控制下交付的必要。这一点主要从非法或可疑物品的种类和数量上来判断,法律可规定一些明确的判断标准。其二,有实施控制下交付的可能。这一点重在考虑实施跨国控制下交付时各有关国家是否有相应法律规定,能否取得其执行当局的支持与配合,能否有效监控非法或可疑物品的动向等。

(三)控制下交付的申请与审批程序

2012年《刑事诉讼法》第151条第2款规定:"对涉及给付毒品等违禁品或者财物的犯罪活动,公安机关根据侦查犯罪的需要,可以依照规定实施控制下交付。"这一条文对公安机关实施控制下交付这一秘密侦查措施进行了明确授权,但2012年《刑事诉讼法》中对于控制下交付的申请与审批程序却未着一字。从强化对秘密侦查措施的法律规制、防止滥用的角度而言,这无疑是立法的一大疏漏,应尽快予以完善。对于控制下交付的审批问题,有学者主张应该实施司法

---

① 邓立军:《突破与局限——新刑事诉讼法视野下的秘密侦查》,中国政法大学出版社2015年版,第210页。

审查①，也有学者主张以侦查机关自行批准为宜，但必须向检察机关备案。② 那么，是否有必要对控制下交付实施司法审查呢？从世界各国或地区的情况来看，鲜有对控制下交付实施司法审查的，即使注重程序正义的西方法治国家亦是如此。例如，在美国，对毒品的控制下交付是由美国司法部缉毒署地区或者总部业务主管部门视案件重大程度分别核准的。再如，在澳大利亚，重大案件的控制下交付须经警察局长、副局长批准，一般案件的控制下交付则由警察局长、副局长或者其授权的人批准。之所以这样规定，可能的原因就在于控制下交付在总体上是属于秘密监视技术，对公民权利的侵扰很小，其适用没有必要经过司法审查。借鉴这些国家的做法，笔者认为，我国控制下交付的批准主体可设定由侦查机关行使。不过，由于控制下交付往往涉及跨区域甚至跨国界的问题，其审批制度肯定与其他秘密侦查措施有所不同。一般而言，对具备控制下交付条件的案件，在本辖区内可由侦查机关直接决定实施控制下交付，超出管辖范围的，应当报请有决定权的上级机关决定。③ 至于控制下交付的申请问题，可遵循"谁实施谁申请"的原则，由具体的实施主体来提出控制下交付的申请。

---

① 黄维智：《控制下交付法律问题研究》，《社会科学研究》2007 年第 2 期。

② 王国民：《论控制下交付的合法性及其法律规制》，《北京人民警察学院学报》2012 年第 1 期。

③ 邓立军：《突破与局限——新刑事诉讼法视野下的秘密侦查》，中国政法大学出版社 2015 年版，第 215 页。

# 参考文献

## 一、中文文献

（一）中文著作

1. 俞波涛：《秘密侦查问题研究》，中国检察出版社2008年版。
2. 艾明：《秘密侦查制度研究》，中国检察出版社2006年版。
3. 陈永生：《侦查程序原理论》，中国人民公安大学出版社2003年版。
4. 慕丰韵：《反革命犯罪侦察学概论》，中国人民公安大学出版社1986年版。
5. 郎胜、王尚新：《中华人民共和国国家安全法释义》，法律出版社1993年版。
6. 郭晓彬：《侦查策略与措施》，法律出版社2000年版。
7. 王圣扬：《刑事诉讼法》，人民出版社、中国社会科学出版社2003年版。
8. 夏勇等：《法治与21世纪》，社会科学文献出版社2004年版。

9. 沈宗灵：《现代西方法理学》，北京大学出版社1992年版。

10. 曾宪义：《法律硕士专业学位招生考试教程》（上卷），法律出版社2000年版。

11. 吕世伦：《现代西方法学流派》，中国大百科全书出版社2000年版。

12. 焦洪昌、李树忠：《宪法教学案例》，中国政法大学出版社1999年版。

13. 何家弘、张卫平：《外国证据法选择》（上卷），人民出版社2000年版。

14. 樊崇义等：《正当法律程序研究——以刑事诉讼程序为视角》，中国人民公安大学出版社2005年版。

15. 陈卫东：《程序正义之路》（第2卷），法律出版社2005年版。

16. 谢佑平：《刑事司法程序的一般理论》，复旦大学出版社2002年版。

17. 魏晓娜：《刑事正当程序原理》，中国人民公安大学出版社2006年版。

18. 马贵翔、胡铭：《正当程序与刑事诉讼的现代化》，中国检察出版社2007年版。

19. 张黎：《法治视野下的秘密侦查》，知识产权出版社2013年版。

20. 孙长永：《侦查程序和人权，比较法考察》，中国方正出版社2000年版。

21. 孙长永：《现代侦查取证程序》，中国检察出版社2005年版。

22. 黄炎培：《八十年来》，文史资料出版社1982年版。

23. 孟祥馨等：《权力授予和权力制约》，中央文献出版社2005年版。

24. 邓立军：《突破与局限——新刑事诉讼法视野下的秘密侦查》，中国政法大学出版社2015年版。

25. 邓立军：《外国秘密侦查制度》，法律出版社2013年版。

26. 李明：《秘密侦查法律问题研究》，中国政法大学出版社2016年版。

27. 李学军：《美国刑事诉讼规则》，中国检察出版社2003年版。

28. 孙国华：《法理学教程》，中国人民大学出版社1994年版。

29. 陈新民：《德国公法学基础理论》，山东人民出版社2001年版。

30. 陈新民：《宪法基本权利之基本理论》（上册），我国台湾地区三民书局1990年版。

31. 程雷：《秘密侦查比较研究——以美、德、荷、英四国为样本的分析》，中国人民公安大学出版社2008年版。

32. 陈光中、徐静村：《刑事诉讼法学》，中国政法大学出版社2000年版。

33. 陈光中：《中华人民共和国刑事诉讼法再修改专家建议稿与论证》，中国法制出版社2006年版。

34. 宋英辉：《刑事诉讼原理》，法律出版社2003年版。

35. 彭勃：《日本刑事诉讼法通论》，中国政法大学出版社2002年版。

36. 何家弘：《证据学论坛》（第7卷），中国检察出版社2004年版。

37. 何家弘、张卫平：《外国证据法选译》（上卷），人民法院出版社2000年版。

38. 杨立新：《人身权法总论》（修订版），人民法院出版社2002年版。

39. 龙宗智：《理论反对实践》，法律出版社2003年版。

（二）外文译著

1. ［日］西原春夫主编：《日本刑事法的重要问题》（第二卷），金光旭、冯军、张凌等译，中国法律出版社2005年版。

2. ［美］康芒斯：《制度经济学》，商务印书馆1997年版。

3. ［古希腊］亚里士多德著：《政治学》，吴寿彭译，商务印书馆1983年版。

4. ［美］博登海默：《法理学——法律哲学与法律方法》，邓正来译，中国政法大学出版社1999年版。

5. ［英］丹宁：《法律的正当程序》，李克强、杨百揆、刘庸安译，法律出版社1999年版。

6. ［美］E. R. 克鲁斯克、B. M. 杰克逊：《公共政策词典》，唐理斌等译，上海远东出版社1991年版。

7. ［德］马克斯·韦伯：《经济与社会》（上卷），林荣远译，商务印书馆1997年版。

8. ［英］伯特兰·罗素：《权力论》，吴友三译，商务印书馆1998年版。

9. ［美］戴维·波普诺：《社会学》，李强等译，中国人民大学出版社 1999 年版。

10. ［英］伯特兰罗素：《权力论》，吴友三译，商务印书馆 1998 年版。

11. ［英］阿克顺：《自由与权力》，候健、范亚峰译，商务印书馆 2001 年版。

12. ［德］马克思、恩格斯：《马克思恩格斯全集》（第 3 卷），人民出版社 2005 年版。

13. ［古希腊］亚里士多德：《政治学》，吴寿彭译，商务印书馆 1965 年版。

14. ［苏］莫基切夫：《政治学说史》，中国社会科学院法学研究所编译室译，中国社会科学出版社 1979 年版。

15. ［法］孟德斯鸠：《论法的精神》（上册），张雁深译，商务印书馆 1978 年版。

16. ［美］托克音顿、艾伦：《美国隐私法：学说、判例与立法》，中国民主法制出版社 2004 年版。

17. ［德］克劳思·罗科信：《刑事诉讼法》，吴丽琪译，法律出版社 2003 年版。

18. ［日］田口守一：《刑事诉讼法》，刘迪、张凌、穆津译，法律出版社 2000 年版。

19. ［英］麦高伟、杰弗里·威尔逊：《英国刑事司法程序》，姚永吉等译，法律出版社 2003 年版。

（三）论文

1. 马静华：《秘密侦查论略》，《山东公安专科学校学报》2002 年第 2 期。

2. 何家弘：《秘密侦查立法之我见》，《法学杂志》2004年第6期。

3. 林东茂：《卧底警探的法律问题》，中国台湾地区《刑事法杂志》第40卷第4期。

4. 谢佑平、邓立：《秘密侦查的解读与诊释》，《中国刑事司法杂志》2005年第6期。

5. 朱孝清：《试论技术侦查在职务犯罪侦查中的适用》，《国家检察官学院学报》2004年第1期。

6. 陈永生：《秘密监听立法研究》，《政法评论》（2001年卷）。

7. 吴宏耀：《论我国诱饵侦查制度的立法建构》，《人民检察》2001年第2期。

8. 唐磊、赵爱华：《论刑事司法中的秘密侦查措施》，《社会科学研究》2004年第1期。

9. 艾明：《历史语境下的秘密侦查及其现代启示》，《甘肃政法学院学报》2007年总第90期。

10. 徐公社：《秘密侦查措施的立法构想》，《犯罪研究》2004年第1期。

11. 严本道、张俊：《司法权合理运行视域下秘密侦查法治化研究——基于2012年新刑诉法的分析》，《湖北警官学院学报》2014年第7期。

12. 罗本琦：《刑事被告人人权的法律保障》，《现代法学》1997年第2期。

13. 孙国华：《法制与法治不应混同》，《中国法学》1993年第3期。

14. 刘作翔：《思想的价值与法治的理念》，http：//www.jflycn.net/dscn/file.php？id=1227，访问时间：2016年11月10日。

15. 张云秀：《论法律与和谐的共同价值追求——秩序与正义》，《重庆工商大学学报》（社会科学版）2006年第5期。

16. 邓立军：《英国通信截收制度的变迁和改革》，《中国人民公安大学学报》（社会科学版）2007年第23卷第3期。

17. 张宗亮：《秘密侦查制度之比较研究》，《山东警察学院学报》2006年第4期。

18. 邓毅：《德国法律保留原则论析》，《行政法学研究》2006年第1期。

19. 姚莉、陈虎：《论侦查监督中的合比例性审查》，《人民检察》2006年第11（上）期。

20. 黄吉伟：《中外秘密侦查法律制度比较研究》，《江西公安专科学校学报》2006年第3期。

21. 宋英辉：《关于犯罪侦查中监听通讯的法律》，http：//www.cupl.edu.cn/ssfx/wg/lf/jap.htm，访问时间：2017年1月1日。

22. 邓剑光：《秘密侦查正当程序之理论解说》，《政治与法律》2005年第3期。

23. 陈兴良：《劳动教养：根据国际人权公约之分析》，《法学》2001年第10期。

24. 刘小和：《论侦查主体》，《江苏警官学院学报》2003年第3期。

25. 杜丹：《隐匿身份侦查的法律规制》，《福建法学》2015 年第 2 期。

26. 翁里、万晓：《诱惑侦查规制问题研究》，《五邑大学学报（社会科学版）》第 18 卷第 2 期。

27. 马跃：《美、日有关诱惑侦查的法理及论争概观》，《法学》1998 年第 11 期。

28. 闫万鸿：《新刑诉法视野下控制下交付侦查措施的实施》，《湖北警官学院学报》2014 年第 6 期。

29. 黄维智：《控制下交付法律问题研究》，《社会科学研究》2007 年第 2 期。

30. 王国民：《论控制下交付的合法性及其法律规制》，《北京人民警察学院学报》2012 年第 1 期。

31. 郭纬中：《论诱捕侦查与诱捕抗辩》，私立"中国文化大学"法律学研究所 1999 年硕士研究生学位论文。

32. 邓立军：《秘密侦查法治化研究》，四川大学 2004 年硕士研究生学位论文。

33. 钟小燕：《控制下交付的程序规则研究》，广东财经大学 2015 年硕士研究生学位论文。

（四）法典

1. 《德国刑事诉讼法典》，李昌珂译，中国政法大学出版社 1995 年版。

2. 《意大利刑事诉讼法典》，黄风译，中国政法大学出版社 1994 年版。

3. 《俄罗斯联邦刑事诉讼法典》，黄道秀译，中国政法大学出版社 2003 年版。

## 二、外文文献

1. John N. Ferdico. J. D. ,*Criminal Procedure*, West Publishing Co, 1980.

2. Henry Campbell, Black's Law Dictionary, $5^{th}$ ed. St. PaulMinn. West Publishing Co. 1999.

3. Marx G. T. , Undecover: Police Surveillance in America, Berkeley, University of California, 1988.